最強の柔道家 リネール

Teddy Riner テディ・リネール

Se dépasser, toujours

神奈川夏子［訳］

X-Knowledge

小さいころのぼくと兄モイズ
写真提供：筆者

PSG-JUDOの帯授与式にて。
憧れのダヴィド・ドゥイエと
写真提供：筆者

ジャメル・ブーラ、アラン・ペリオ、ダヴィド・ドゥイエ、モイズ、そしてPSG-JUDOのみんなと
写真提供：アラン・ペリオ

バカンス中のひとコマ。グアドループにある父方の祖父母の家の近くにて
写真提供：フィリップ・ミルロー

グアドループ、バス＝テール島の海でリラックス
写真提供：フィリップ・ミルロー

ガエル・モンフィスと柔道ごっこに興じる。
2008年北京オリンピックの選手村、フランス棟の前にて
写真提供：ジャン＝ミシェル・ポリアコブ

闘病生活を送る親友のフレッドと一緒に北京オリンピックの表彰台に上る
写真提供：フィリップ・ミルロー

2008年のオリンピックの表彰式後、北京の街で父、母、兄と
写真提供：フィリップ・ミルロー

2008年フランス国際柔道大会（現グランドスラム・パリ）で優勝したあとの記者会見
写真提供：フィリップ・ミルロー

INSEPでの筋肉トレーニング
写真提供：フィリップ・ミルロー

INSEPでの乱取り稽古
写真提供：フィリップ・ミルロー

交流会で小さな柔道家に投げ飛ばされるぼく
写真提供：フィリップ・ローランソン

2011年パリ世界選手権の準決勝。大外刈からの抑え込みで韓国の金成民を破る
写真提供：フィリップ・ミルロー

2011年パリ世界選手権のタイトルを勝ち取り、コーチのブノワ・カンパルグ、そしてベルシー・アリーナの観客と勝利の喜びを分かち合う
写真提供：エリック・ブルタニョン

2011年パリ世界選手権で、怪我を乗り越えて5度目の世界タイトルを獲得
写真提供：ジュリアン・クロスニエ

2011年の世界選手権が終わって、母の腕の中へ
写真提供：フィリップ・ミルロー

リュシー・デコスとともに、「2011年度ベスト柔道選手」として
「エスプリ・デュ・ジュードー（柔道の精神）杯」を受ける
写真提供：フィリップ・ミルロー

ぼくにとって、いつも、いつまでも大切な人たちにこの本を捧げます。
とくに、母とふたりの祖母たちへ。

Se dépasser, toujours

by Teddy Riner

装丁・本文デザイン：轡田昭彦＋坪井朋子
執筆協力：ロレーヌ・ド・プルンケット
翻訳協力：株式会社トランネット
カバー写真（表１）：©ZUMAPRESS.com/amanaimages
カバー写真（表４）：©Sipa Press/amanaimages

目次

第1章

アスリートの楽園で

飛行機は北京空港に向かって降下し始めた。そこで窓から外の光景を見ようと目を凝らしてみたが、視界は分厚いスモッグにさえぎられ、何も見えなかった。機長のアナウンスによれば、現地の気温は35度近く、しかも湿度は悪夢のように高いらしい。でも、やる気と誇らしさでいっぱいのぼくの気分を台無しにできるものなんてあるわけがなかった。なにせぼくはこれから、生まれて初めてあのオリンピックで戦うのだ。

何年も何年も、ぼくはオリンピック出場を目指してやってきた。小さいころはただ夢見ていただけだったけれど、ポール・エスポワール［訳注：カデ（18～20歳のジュニアより下の、15～17歳のカテゴリー）のスポーツ専門技術教育に特化した、地区別の訓練組織］のメンバーに選ばれてからは、稽古を積みさえすればいつかオリンピックに行けるかもしれないと考えるようになった。以来、起きているあいだの大半の時間を畳の上での稽古に費やし、試合では優勝を重ね、柔道のフランス代表チームの一員となった。

そしてついにぼくは19歳にしてオリンピックの切符を勝ち取り、この2008年の夏、開催地北京に乗り込んだ。開会式は3日後。つまり、1週間後には世界中のテレビカメラがぼくたち選手に向けられているというわけだ。でもぼくにはまだ、いまひとつ実感が湧いてこなかった。

チームメイトも同じ気持ちだったようで、ぼくたちはふざけ合いながら飛行機を降りた。

そうして入国の手続きを終えて荷物を受け取っていたら、向こうのほうでざわめきが聞こえた。ぼくたちが出口に近づくにつれ、それが次第に大きくなっていく。そして到着口のガラスドアが開くと、突然フラッシュが一斉にたかれ、何十人もの報道関係者がものすごく興奮した様子で押し寄せてきた。ぼくたちの一言一句を逃すまい、わずかな表情の変化でさえもとらえたら大スクープだ、と言わんばかりにマイクを突きつけてくる。

この人だかりをかき分けて前に進むのは、身長2メートル4センチのぼくにとってさえ難しかった。けっこう面白い光景だけど、ちょっとやりすぎなんじゃないか――。今までこんな場面に遭遇したことがなかったから、なおさらそう感じたのかもしれないけれど。

そのときまでぼくは、オリンピックが何を意味するのか、ぼくたちの肩にのしかかっている期待がどれだけ大きいのか、深くは考えないようにしていた。言ってみればすべてがなんとなくあいまいなままであったが、そのほうが気楽だったのだ。

北京入りする前に2週間の合宿を張った日本でも、フランス選手団のみんなとリラックスしたときを過ごした。日本滞在の目的は、東アジア特有の8月の酷暑に体を慣らしていくことだったが、そんな環境にも無理なく適応したつもりでいた。ぼくは1日1回の軽いトレーニングをこなすと、減量が必要なチームメイトをからかってみたり、温泉に入ったり、散歩をしたり、昼寝をしたりして過ごした。時差ボケが解消できればそれでよかったのだ。ぼくたち選手にとってオリンピックはまだまだ先の話のような気がしていたので、合宿所にはのんびりとしたムードが漂っていた。

ところがいきなり空港でこんな出迎えを受け、北京オリンピックがどれだけ重要なイベントであるか、否応なく思い知らされることとなった。記者たちの質問攻めにあったぼくは戸惑い、逃げ腰の返答に終始した。「ええ、順調ですよ。日本での調整もうまくいったし。もうすぐ始まると思うとうれしいですね」という具合だ。でもまあこれが、試合が始まる直前の選手にとっての模範的なコメントといったところだろう。

ぼくがひとつひとつの大会で実績を積み上げ、若くして100キロ超級のナンバーワンに上りつめたのは周知の事実だった（前年9月には、史上最年少の18歳で世界柔道選手権大会のチャンピオンになっていた）。オリンピックでも表彰台に上ってほしい、しかも金メダリストとして――そうフランス中が期待していることもわかっていた。ぼく自身、北京でメダルを取れる確信があったわけではないけれど、自分の柔道に自信はあった。この大会の重みを痛感し、自分の置かれた立場にようやく思いを巡らせ始めたぼくだったが、それもいっときのことだった。選手村に着いたとたん、そんな思いは吹き飛んでしまったのだ。

そこはアスリートたちがすべての面で快適に過ごせるように設計されている、現実世界から遊離した夢の国だった。これから2週間滞在することになるこの楽園に、ぼくはたちまち子どもみたいに夢中になってしまった。各国の選手団には専用の建物が割り当てられ、生活上のこまごまとした用事をしてくれるスタッフもついている。ぼくたちが到着したその日も、彼らはフランス棟の前に植えられた芝生の手入れに余念がなかった。

選手村はとてつもなく広く（これがぼくの第一印象だ）、まるでSFの中に出てくる街みたいだった。何もかもが美しく、完璧で、建物はひとつ残らず同じ造りをしている。この不思議な惑星には、いたるところにテニスコートやトレーニング施設があって、縦横に走り回っているゴルフカートが行きたいところに連れていってくれる。

フランス選手団の宿舎は9階建ての建物で、その中は最高に快適なアパルトマン形式の部屋に分かれていた。ぼくたち選手はその部屋をふたりでシェアするようにと告げられた。ぼくのルームメイトはイヴ＝マチュー・ダフルヴィル。レユニオン島〔訳注：インド洋上にあるフランスの海外県〕出身のイヴ＝マチューは、ぼくと同じくらい笑うことが大好きな奴だから、なんの問題もなかった。早くも黙りこくったままになっている選手もいたが、ぼくは反対にどんなときでもふざけずにはいられない性分だ。もともとこんな性格だけれど、これが次第に増してくるストレスを解消するのにひと役買ってくれている。

選手村の中をもっとよく知ろうとあちこち歩き回ってみたぼくは、圧倒されっぱなしだった。とくに、何キロ先までも続いているかのように見える巨大なセルフサービスの食堂は、規模だけでなく雰囲気もすごかった。なにせ1万人もの世界中のアスリートたちが食事のたびに集まり、とてつもない大騒ぎが繰り広げられているのだ。とにかく桁外れとしか言いようがなく、来るたびに、ベルシー・アリーナ［訳注：パリにある収容人数1万7000人の屋内競技場］くらい広い格納庫の中で食事をとっているような気分になった。

この広い食堂でもライバル選手にばったり出くわす可能性があるのはわかっていたが（できれば避けて通りたい事態だ）、もっと差し迫った問題があった。食事をしようにもテーブルがめったに空いていないのだ。ぼくたちは席を確保する術《すべ》を数日かけてようやくマスターした。食堂に着いたらまず、最初に目に入った空きテーブルに駆け寄り、持ち物を置いて場所を占拠する。そして誰かひとりが荷物の見張り番をしているあいだに、十数種類ある食べ放題のビュッフェで好きなものを選ぶ、という作戦だ。そうして今日はモロッコ料理、翌日はメキシコ料理……という具合に毎日違うものを楽しんだ。食堂の奥のほうには、24時間営業のマクドナルド――オリンピックのオフィシャルスポンサー――もあった。

この〝格納庫食堂〟には、オリンピックの精神がぎゅっと詰め込まれていた。それはつまり、世界中のアスリートたちが集まる、並外れたスケールを持つ、誰とでも仲よくなれる場所だということ。NBA（北米プロバスケットボールリーグ）のスーパースター、レブロン・ジェームズとジョークのやりとりをしたあとで、世界的テニスプレイヤーであるラファエル・ナダルやノヴァク・ジョコヴィッチが通り過ぎるのを横目に見ながら、隣のテーブルに座っているスウェーデンの競泳選手の女の子たちとメダル談義ができる場所なんて、世界中どこを探したってここ以外にありはしない。

開会式もまたとんでもない規模になるらしいと聞き、ぼくは楽しみにしていた。だがその前夜、コーチたち——パトリック・ロッソ、ステファヌ・フレモン、そしてフランク・シャンビィといった面々——から忠告があった。どうやら開会式に参加すると、選手たちはスタジアム後方に集められて、式典が終わるまで3、4時間ずっと立っていなければならないらしい。行きたければ行ってもいいが勧められない、というのがコーチ陣の意見だった。「オリンピックでの勝ち負けを決めるのは、最後は体力だ。4時間も立ちっぱなしなんて、足腰にいいわけがない。エネルギーは温存しておいたほうがいいぞ！」

というわけで、翌日の開会式は自室のテレビで見た。フランス選手団が入場したときには、たとえその一団の中にいたって、この大人数じゃどれがぼくなのかわかりはしないだろうな、などと考えた。いずれにせよ、ぼくはまだまだ無名に近い選手だった。

それにしても開会式の様子には心奪われた。陽気にはしゃぐギリシャの柔道選手、選手たちが空に放り投げる帽子、どの顔にも浮かぶ満面の笑み……。「鳥の巣」［訳注：メインスタジアムである北京国家体育場の愛称〕のてっぺんで聖火が煌々《こうこう》と燃え盛っているのを見たときには、「いよいよオリンピックが始まったんだ！」と胸が高鳴った。その一方で、この大会の偉大さを改めて認識したぼくの胸は緊張で締めつけられ、手は汗で湿っていた。

とはいっても、ぼくの出場する重量級（100キロ超級）の試合はいつも最後だ。ぼくの出番まではまだあと1週間もあった。開会式の翌日から毎朝、60キロ以下、66キロ以下、73キロ以下、81キロ以下、90キロ以下、100キロ以下の試合に臨む仲間たちを順次送り出したが、1週間は長く、ついには手持ち無沙汰になってしまった。

実は、見たい競技があったら席を取ってもらって見にいけたそうなのだが、初めてオリンピックに参加したぼくには知る由もなかった。そこで工夫して時間をつぶすことにした。刻々と近づく自分の試合のことはなるべく頭から追い出して、体がなまらないように毎日何らかのスポーツをし、たっぷり休息も取り、そして遊んだ。手始めにやったのは仲のいいテニスプレイヤー、ガエル・モンフィスとのポーカーのトーナメント。でも勝負にすらならず、ぼくは瞬殺されて終わった。

ガエルと初めて会ったのは数年前、ぼくがまだINSEP（Institut National du Sport, de l'Expertise et de la Performance＝国立スポーツ体育研究所）のスポーツ・エチュード・プログラム〔訳注：スポーツの訓練と通常の義務教育を両立させることができるように組まれたシステム〕に在籍していたときだ。ガエルはすでに卒業していたが（彼はぼくより3歳年上だ）、ぼくとの共通の友だちにときどき会いにきていて、徐々に親しくなっていった。北京では、フランス棟の前の芝生の上で柔道ごっこもした。そのときぼくはガエルに投げ技を決め、こうからかってやった。「これでも思いっ切り手加減してやったんだぜ！ テニスの選手はほんとに痩せっぽちだなぁ」。ガエルと一緒にいるのはとても楽しかった。彼はぼくに三点倒立のやり方も教えてくれた。

居住棟の前の芝生には日よけのテントも設置してあり、そこはぼくたちフランス代表チームの格好のたまり場になっていた。初めのうちは昼食後にここに集まり、雑談する程度だったのだが、誰かがウノのカードを持ち込んでからえらいことになった。クレイジーなウノ大会が始まったのだ。最初は5、6人だったのが、あっという間に15人、20人と人数がふくれ上がり、とうとう30人を超えるまでになってしまった。

ぼくたちは爆笑し、大声でわめき、バカ騒ぎを繰り広げた。通りかかった他国の選手たちもぼくらを見て大笑いし、「こいつらフランス人、正気かよ！ ちょっと覗いていこうぜ」などと言って立ち止まるので、そのうち大きな人だかりができるようになった。こうして昼寝のあとテントに行ってウノで遊ぶ、という午後の恒例行事が始まった。ハンドボールの選手には大負けしたけれど、そんなのはどうでもいいくらい、ぼくも熱狂の渦に巻き込まれていた。気がつけばあっという間に2、3時間経っている。誰かが席を立てばすぐに代わりが加わった。

ウノはすごくいい気分転換になった。というのも、大会第1日目、60キロ以下級の試合の前日に組み合わせ抽選が行われてからというもの、気がつくと初戦の相手のことを考えているような状態だったからだ。その相手とは、チュニジアのアニス・チェドリー。ぼくは彼の試合のビデオを見て研究し、データを集め——右利き? それとも左利き?——技を分析した。そして対戦表のさらに先を見て、このあとに戦うことになるかもしれない選手についてもできる限りの情報を集めようとした。でもリサーチはこれくらいにしておいた。それよりも、自分の柔道をとることが大事だと考えたからだ。

そんなぼくにも不安があった。ぼくは両親ととても仲がよくて、親元を離れてからも毎週のように会っていたほどなのに、もう何週間も顔を見ていなかったのだ。父と母に会いたかったが、ふたりは選手村に入るための専用IDを持っていない。そのことを毎日のようにスタッフに話し、そのたびに彼らは両親を連れてくると約束してくれたが、なんの進展もなかった。あとから聞いたのだけれど、数名の選手に関しては、精神統一の邪魔をしないよう、ひとりにしておくようにとの通達があったらしい。だが、ぼくの家族が邪魔になるわけがない。むしろその反対で、彼らがぼくの支えになっていたというのに……。

結局ぼくは3、4日待った末にどうにも我慢できなくなり、誰にも何も言わずに家族のもとに駆けつけた。ぼくの初のオリンピック出場を応援しに、リネール家は大挙して北京に来てくれていた。両親、兄、おじとおばがそれぞれふたり、そしていとこも。そのときはみんなでレストランに行くことができなかったので（オリンピックの最中、選手は選手村以外の場所で食事をしてはいけない決まりだった）、北京の街を散策し、ぼくの眼鏡を修理に出した。みんなはぼくのプレッシャーが少しでも和らぐよう気を使ってくれたが、ぼくにとって大切なのは家族とともに過ごすことだった。家族と一緒にいるだけで安心していられる。数時間もそうしていると、ぼくのエネルギーもしっかりチャージされたようで、両親はコーチのひとりに連絡をとってくれた。

スポーツと休息、ウノ大会、そして猛暑をしのぐためのシャワーで明け暮れる毎日が過ぎていった。そうして迎えた試合前日の8月13日、コーチ陣は最終的なアドバイスをしてくれた。彼らは、暑い国によくあることだが、会場内の冷房が効きすぎているから気をつけるようにとも言ってくれた。そこでぼくは、試合用のバッグにセーターとタオルを何枚か余分に詰め込んだ。

その夜はイタリアンのパスタと肉料理を食べ、徐々に外部との接触を断っていった。そして自室に引き上げ、母に電話をして少しだけ話をしたあとは、誰ともう一切会わなかった。自分のなすべきことに全身全霊を集中させていったのだ。そうして早めにベッドに入り、すぐに寝ついて、6時半に目覚まし時計が鳴るまで夢ひとつ見ずにぐっすり眠った。

ここまでは万事順調だったが、目覚めたときのぼくは不思議な精神状態にあった。自信たっぷりでありながら、これから始まる試合や対戦相手のことを考えるとなんだか心配になってくる……。これに比べれば、待たされたこの数日間のほうが悪くなかった。

それから計量をすませ、〝格納庫食堂〟で朝ご飯を食べたあと、いったん自室にバッグを取りに戻り、コーチのフランク（彼が試合場の畳の横にあるコーチ席に入る）、運動療法士、医師、そしてフランス柔道連盟のメンバー数人とロビーで合流した。一同は口数が少なく、ぼくよりも彼らのほうが緊張しているようだった。試合会場となる体育館は選手村からはかなり離れたところにあるため、シャトルバスが迎えにくることになっていた。そのバスにぼくらが乗り込むと車内は満席になった。

バスの車内は重苦しい空気に包まれていた。ライバル選手たちがスタッフに囲まれて勢揃いしている。でもぼくは、一切気に留めないようにしていた。バスの中は静まり返り、沈黙が破られるのは低い声で会話が交わされるときだけ。知らない外国語なので何を言っているのかわからなかったが、ぼくはヘッドフォンをつけて音楽に身をゆだねた。音楽ほど周囲の雑音からぼくを守ってくれるものはない。こうして精神統一しているときのぼくには、誰がどうやって声をかけようと無駄だ。

そこから先はめまぐるしかった。ぼくはまずウォームアップルームに連れていかれ、そこで着替えをすませると、1時間あまり体を動かした。そのあいだもずっと、対戦相手には一瞥《いちべつ》もくれなかった。相手の状態などどうでもよかったからだ。どちらにしても、試合が始まればたっぷり見ることができる。それから短い廊下を渡って招集室に入り、柔道衣が適正であるかどうか（上衣と下ばきと帯の丈、袖が短すぎず細すぎないかどうかなど）、審判員の検査を受けた。

そうして試合の開始時間まであと数分となり、会場に続くトンネルみたいな場所に案内された。ぼくの横には対戦相手が立ち、背後にはコーチが控えている。ぼくたちは警備員と国際柔道連盟の役員たちのあとについてトンネルを抜け、試合会場に足を踏み入れた。畳は周囲より高い位置に設置されていて、煌々と照らされていた（オリンピックはまさにショーそのものなのだ）。

ぼくは目の前で繰り広げられている試合をぼんやりと見つめ、それから観客のほうへ視線を移して両親の顔を探した。だが残念ながら見つからず、そうこうするうちにぼくの番が来た。試合場に上った途端、２００人ものフランス人応援団がぼくの名を叫ぶのが聞こえた。緊張は最高潮に達していた。いよいよ戦いが始まるのだ！

1回戦の相手であるチュニジアのチェドリーには、「ゴールデンスコア」（延長戦の方式で、先にポイントを取ったほうを勝ちとする。サドンデス方式とも呼ばれる）に持ち込まれながらも勝つことができた。試合が終わると、シャワーと着替えもそこそこに招集室に戻らなければならなかった。ぼくよりも先に試合を終えていた下の階級の選手たちが口をそろえて「始まったらすぐにわかるさ。あれよあれよという間に終わってしまうのがね！」と話していたが、ほんとうだった。柔道は1日で1階級すべての試合を行うため、待ち時間がきわめて短いのだ。

2回戦の相手は、カザフスタン出身のエルドス・イフサンガリエフだった。この試合には、開始50秒で「一本」（強さと速さをもって相手の背中が畳につくように投げたとき、相手を30秒間〔訳注：現在の国際ルールでは20秒間。講道館ルールでは現在も30秒間を採用〕抑え込んだとき、または絞め技や関節技において相手が「参った」を表明したときを「一本」と言い、この時点で試合が終了する）を取ることができた。こうして準々決勝進出を決めたぼくだったが、今まで経験したことのないようなプレッシャーを感じ始めていた。

35分後、試合会場に続くトンネルで、次の対戦相手であるウズベキスタンのアブドゥロ・タングリエフの横に立った。彼とは前年の12月に対戦し、その際には熱戦の末に一本勝ちすることができたが、この試合でかなり手強い相手だということをぼくは身をもって知った。ぼくよりも小柄だが、ずんぐりとした体つきをしていて、とてもタフなのだ。

トンネルに立っていたこのとき、ぼくはありえないほど緊張していて、いつもよりもかなり強いストレスを感じていた。するとコーチのフランクがぼくの袖を少し引っ張って、ささやき声でアドバイスをくれた。「彼は左利きだ。こっちからは向かっていくな。かわされてしまうから」。そう言うとフランクはぼくの背中を軽く叩き、ぼくも自分の太ももを両手で叩いた。これは落ち着くためのおまじないだ。

そうこうするうちに前の試合が終わり、ぼくは試合場に上がった。だがそのとき、フランクがイヤホンをつけているのに気づいた。なぜイヤホン？　フランクがイヤホンをつけている姿なんて初めて見た。いったい何の目的で……？　おそらく、観客席にいるほかのコーチたちからの指示を受けるためだろう（決まりでコーチはひとりしか選手に付き添えない）。ここまでするとは、フランス柔道連盟がいかにこの勝負に命運をかけているかがわかる。

ぼくは雑念を振り払え、動揺するな、全力でかかっていくんだ、と自分に言い聞かせた。そして対戦相手のタングリエフに近づいて礼をし、彼の目をまっすぐに見つめた。その目の中に読み取れるのはただ憎悪だけだった。でも、こういう選手だと知っていたから別に驚きはしなかった。むしろ今回ぼくが驚いたのは、彼の策略だった。タングリエフからは、勝負する気がまったく感じられなかったのだ。そのことにぼくはひどく戸惑った。

オリンピックに向けて指導を受けているとき、強豪との対戦は厳しいものになるだろうから全力をかけて当たっていけ、と何度も言われた。ところがこの準々決勝ときたら、激しいぶつかり合いすらない。タングリエフは戦いを始めようとする素振りもなく、投げやりのようにさえ見えた。

彼とぼくは互いの様子を探りつつ、相手の出方を待つ格好になった。ぼくはなんとか突破口を見つけようとしたけれど、何を試みても無駄だった。自分の組み手を取ろうとするたびにタングリエフは体をずらし、ぼくの片手をブロックする。片手では「一本」が取れるわけがない！　まるで、車を運転しているときに片足だけを使って速度変更しなければいけないみたいだった［訳注：欧州で比率の高いマニュアル・トランスミッション車では、左足でクラッチを使ってギヤを上げるので、両足での操作が必要になる］。つまりは悪夢そのものだ。

相手のコーチが怒鳴る声と、ぼくのコーチのもう少し落ち着いた声だけが耳に入ってくる。フランクはなんとかしてぼくを助けようと、起死回生策を探していた。試合で駆け引きに直面したのは初めてだった。ぼくは、こういった類の戦いを制するには経験が不足していた。刻々と試合終了のホイッスルが迫ってくるなか、ぼくは自分に向かって念じ続けた。「さあ行け！　もっと力を出すんだ！　相手に憎しみをもっとぶつけなきゃ……ほら、今だ！　今すぐにだ！」

だが互いにポイントを上げられないまま5分が経ち、試合は延長戦、ゴールデンスコアに持ち込まれた。するとタングリエフは突然、次々と技をかけてきた。正確に言えば3回、ポイントを取るためというよりも、むしろ戦いをリードしているのは自分であると審判にアピールするためだった。しかし、それに対してぼくはなす術がなく、結局、積極的戦意に欠けるとして「指導」を与えられ、愚かな負け方をしてしまった。タングリエフのほうが上手《うわて》だった。ぼくよりも抜け目なく、術策に長けていた。一礼をすると、目の前に彼の勝ち誇った顔があった。ぼくは失意のなか、畳を下りた。

試合場のすぐ裏にはプレスルームがあり、そこを通り抜けなければ会場から出られないようになっていた。でもぼくは質問に答えられるような精神状態ではなく、こそこそとその場から逃げ去った。うつろな目のまま、タオルとサンダルとMP3の入ったかごを運んでくれる女の子に機械的についていく。自分の身にいったい何が起きたのか、まだ理解できていなかった。とうとう敗れてしまった。しかもあんな負け方で……。金メダルはほかの選手のものになるんだ。ぼくにはもうチャンスはない……。それがどうしても信じられなかった。ぼくは負けることにぜんぜん慣れていなかった。と、そのときコーチのフランクと目が合った。彼もぼくと同じくらい茫然自失といった表情をしていた。

フランクと一緒にウォームアップルームに入っていくと、ぼくの戦いぶりに激怒したヘッドコーチがいきなりつかみかかってきた。そして、あろうことかライバル選手たちやチームメイト、関係者が居並ぶ前でぼくに怒鳴り始めた。「なんてことをやらかしてくれたんだ！　あの試合はなんなんだ？　言ってみろ！　なんだったんだ⁉」生まれて初めて耳にする罵詈雑言。こんなに横暴な態度をとられたのは人生で初めてだった。ぼくは、あ然として、その場から動けなくなってしまった。どうして？　これだけひどい目にあったのに、なぜ傷口に塩を塗るようなことを言うんだ？　怒りをぶつけてなんになる？

しかも、まだすべての試合が終わったわけではなかった。準々決勝で敗れたほかの3選手との敗者復活戦を勝ち上がれば、メダルにだって手が届く。それなのに、なぜとどめの一撃を与えるようなひどいことを言うのか、まったく理解できなかった。ヘッドコーチの怒鳴り声はやむことを知らず、うっぷんを晴らすかのようにぼくに激しい言葉を浴びせ続けた。

ぼくはショックのあまり押し黙ったまま、恥ずかしくて死にそうだった。どこに目をやったらいいのかもわからなくなり、もう試合場には戻りたくない、地面の下に潜ってしまいたいとさえ思った。やがてヘッドコーチは部屋から出ていったが、その場の空気は凍りついたままだった。

だが、フランクがすぐに事態を収拾しにかかってくれた。ぼくの受けた衝撃の大きさに気づいていた彼は、ぼくにやさしく話しかけ、いっときも離れずにいてくれた。次の試合に向けて更衣室で着替えているあいだも、ずっとそばにいてくれた。こんなときにどういう言葉をかければいいか、フランクはよく知っている。彼はぼくのことならなんでもお見通しなのだ。だから、ぼくが心の動揺を抑えて立ち直ることができると信じていた。

次の試合まであとほんの数分しかなかったが、チームのみんなも励ましにきてくれた。「いつものテディに戻れ！　まだメダルには手が届くんだ。お前にならできる！」すると、ゆっくりとだが、確実にやる気が戻ってきた。こうしてぼくは再び試合会場に戻った。

もはや試合に喜びは見出せなかったけれど、表彰台には上りたかった。家族のため、友人たちのため、そしてこんなにもぼくを支えてくれたコーチのためにも。だが、敗者復活戦の初戦を迎えるとき、ぼくは心ここにあらずといった状態で、目の前にいるドイツ人選手の名前さえ知らなかった。もはや誰と戦おうと同じだった。それでも体が勝手に動いてくれて、かろうじて勝つことができた。ポイントを取らなきゃいけないって？　わかった、じゃあ攻撃するよ、という具合だった。「まだ終わったわけじゃないぞ！」フランクは何度もそう言った。

次の試合を迎えたときには、ぼくの意識は現実に戻り始めていて、あっという間に勝負を決めることができた。ブラジル人選手相手に、試合開始1分で「一本」を取ったのだ。そうして銅メダルをかけた戦いに臨んだ。相手はグルジアのラシャ・グジェジアニ。この年のヨーロッパ選手権の決勝で勝っていた相手だが、彼とはいつもいい試合になるので気が抜けなかった。でもコーチが言うには、グジェジアニは今日負傷したらしい。ただ彼がどこを怪我したのか、ぼくたちにはわからなかった。一方、ここまで5試合を戦ったぼくも疲れ切っていた。しかも3位決定戦は、前のブラジル人選手との試合のすぐあとに組まれていた。

シャワーを急いで浴び、ぼくはこのオリンピック最後の試合に挑んだ。だが試合が始まるとすぐに、ぼくは自分でもよくわからない行動に出た。グジェジアニが仕掛けてきた技をかわして抑え込みに入ったとき、どういうわけか彼をこう励まし始めたのだ。「さあ、来いよ！　そうだ！　来い！」

もちろん、こんなことをする選手は絶対にいない。このとき、ぼくはあまりにお人よしだったのかもしれない。勝つことだけ、チャンスをつかむことだけを考えているべきだったのかもしれないし、オリンピックのメダルがかかっていることを忘れてはいけなかったのかもしれない。それなのに、ここで勝ってしまってはあまりに簡単すぎる、銅メダルはもっと死闘を尽くしてから勝ち取りたい、という思いが心の奥にくすぶっていた。ともあれ、こうして初めてのオリンピックは終わり、ぼくは銅メダルを手に入れることができた。

喜びに沸く観客席の中に家族の顔を見つけた。うれしくてたまらなくなったぼくは、彼らに向けて思いつきの合図を送った。でも、それはうまく届かなかったみたいだった。そこで何日か前にガエルに教わった三点倒立をやろうとしたのだけれど、それも中途半端に終わってしまった。かなり無様だったに違いないが、それくらい心の底からうれしかったのだ。二重の打撃から立ち直れた自分を、限界まで戦い抜いた自分を、19歳というジュニア年齢にしてフランスにメダルをもたらした自分を誇らしく思った。

詰めかけた報道陣にも、思っていることをすべて話した。「ええ、チャンピオンになれなかったのは少し残念です」「あのような試合展開になるとは想像もしていませんでした」「そうですね、審判員にはあまり好かれていなかったと思います」。柔道の試合では審判員による誤判定は付き物だが、こうしたことが起こるたびに選手は耐えがたい苦しみを味わう。

殺到する記者たちへの対応に追われ、決勝戦は見逃してしまったが、どちらにしても見たいとは思わなかった。それよりも、フレッドとの約束を果たさなければ、と考えていた。

フレッドはマルセイユ出身の柔道選手で、まだカデだったころに知り合って親友になった。通称マニーヌ（ギャング映画『スカーフェイス』の準主役マニーにあやかって、ぼくたちはいつもお互いをこう呼んでいる）は、このオリンピックの少し前から白血病で闘病生活を送っていて、ぼくは北京でメダルが取れたらそれを彼に捧げると約束していた。

表彰式の時間が近づいていた。そこでぼくは、彼との約束を果たすためにバッグに入れてきていた彼の写真を急いで取りにいった。フレームに収めた写真の中で微笑む男前のマニーヌ――。だが写真を持って会場に入ろうとしたとき、フランス柔道連盟の役員のひとりに呼び止められた。「何を持ってるんだ？」ぼくは事情を説明した。「ダメだ、テディ！そういうことはオリンピックじゃ一切ご法度だ」。ぼくは言うことを聞くふりをしてトイレに駆け込んだ。そしてフレームから写真を取り出して上衣の中に忍び込ませると、何事もなかったかのように表彰台に上がった。

金メダリストは石井慧《さとし》。ぼくより3つ年上の、ぼくの最大のライバルだった。石井と目が合ったとき、ぼくは手短に祝福の言葉を述べ、こう言った。「次回はぜひ！」銀メダルを獲得したのはぼくが負けたタングリエフで、彼に続きぼくがメダルを授与される番が来た。ブロンズとヒスイでできた、すごくきれいなメダルだった。ぼくは待ち切れずに、メダルをじっくりと眺め、手触りを楽しみ、ひっくり返してみた。そして、上衣に忍ばせておいたフレッドの写真を引っ張りだした。目の前にいるＩＯＣ委員たちが目をむく。ぼくに向かって止める仕草をし、小さな声で叫ぶ委員もいた。「ダメだ！　ダメだ！　しまいなさい！」

でもぼくはこれをやり過ごし、写真がはっきり見えるように胸に抱き続け、この勝利をマニーヌと分かち合える喜びを噛みしめていた。ぼくがここまでがんばれたのも君のおかげなのだと、きっとテレビの前で一緒に喜んでくれているマニーヌに知らせたかった。マニーヌのことを思えばこそ最後まであきらめずに戦えたのだから。君も闘ってくれ、そして勝ってくれ、そう伝えたかった。ぼくのよりもっと深刻な闘いではあるけれど……。

表彰式のあとは目が回りそうなくらい忙しかった。まず父がやってきてぼくを腕に抱きしめてキスすると、感動した様子でメダルを見つめた。負けた試合についてはひと言も口にしなかった。いずれにせよあれはもう終わったことなのだから、ぼくたちにとってはもはやどうでもよかった。それから、テレビの生中継が次から次へと入り、インタビューをひたすらこなしていった（インタビューを生放送するのに1時間も待たなければならない局もあった）。

それが一段落すると、ぼくの家族やフランス選手団、スポンサー、そして応援団の方たちが総出でパーティーを催してくれるクラブ・フランス［訳注：フランス人選手その他関係者が集まるレセプション会場兼メディア・ハブ］に駆けつけた。金メダルは持ち帰れなかったけれど、みんなは喜んでくれただろうか、と思いながら。これはぼくにとってとても大事なことだった。なかでも気になるのは、母の目に喜びの色が浮かんでいるかどうか――そう思っていたら、ぼくを探していた母と廊下で出くわした。ぼくはちょっと緊張して、母に尋ねた。

「母さん、どう思った？　銅メダルでもうれしい？」

母は、いつもどおりの母だった。

「あなたがオリンピックに出るというだけで大満足だったのよ。しかもメダルまで取って、うれしくて爆発しそうだわ！　世界中のどんな母親だって、オリンピック・メダリストの息子を持ったら得意になるものよ！」

ホッとしたぼくは、思わず満面の笑みを浮かべた。何があってもぼくの味方をしてくれる聡明な母のおかげで、今回もまたすべての迷いから解放された。困難を強みに転じ、物事をポジティブにとらえ、人生が与えてくれるものを享受するよう、ぼくに教えてくれたのは両親だ。こんなすばらしい父と母に恵まれたら誰だって、その期待に応えるためにどんなことだってするだろう。

第2章

どうってことない！

ぼくは女の子として生まれるはずだった。いや、少なくとも母は妊娠中ずっと、女の子が生まれると信じ続けていた。女の子が欲しかった母は、最初の子どもを身ごもったとき、生まれてくる子どもは男の子だと医者に言われて、少し落胆しながらもこう考えたそうだ。「まあいいわ！　次はきっと女の子に違いないもの」

だが1年半後に再び子どもを授かったとき、エコー写真を見た医師にまたしてもこう告げられた。「男の子ですね。とても大きい坊ちゃんだ！」母は耳を疑った。病院を3回変えてみたものの、どの医師にも同じことを言われた。「奥さん、よくごらんなさい。はっきり見えるでしょう？　どう見たって男の子ですよ。疑いようもないです」。母はエコー写真を無視し、天を仰いだ。「なんと言われようと、この子は絶対女の子よ」

このとき、母の体調は最初の妊娠時とはかなり違っていた。いつもは塩味の食べものが好きなのに、甘いものしか食べたくない。それに、お腹が異様に大きくなった。彼女の母が双子と三つ子を産んでいたので、母は初め、多胎児妊娠だと思ったそうだ。少なくとも3人は子どもが欲しかった母は喜んだ。「すてき！　これでもう妊娠しなくてもよくなるわ！」

しかし実際は双子ではなく、お腹の中にいたのはぼくひとりだけ。ともあれ母は双子ではないという点についてだけは医者の言葉を信じたが、ほかの点については、どの医者も嘘つきであるとみなした。女の子が生まれたらリュデイヴィーヌと名付けよう——彼女のそんな決心は固く、出産まで誰がなんと言おうと揺るがなかった。

長年パリに暮らしているぼくの両親であるが、赤ちゃんは先祖代々の土地であるグアドループ［訳注：カリブ海上にあるフランスの海外県］で産みたいと考えていた。でもぼくの兄ナイズ（兄は父と同じ名前なので、区別するために「ジュニア」という愛称で呼ばれている）に関しては、その願いはかなわなかった。そこで第2子出産の段になると、出産が予定日より遅れるかもしれないという可能性をまったく考慮に入れていなかった母は、かなり早めにパリを発ち、ラマンタンにある彼女の実家で過ごし始めた。一方、郵便局で働く父は出産が迫ったらラマンタンに飛ぶ予定だった。

結局、臨月が来ても母のお腹の中があまりに心地よかったせいか、ぼくはなかなか生まれる兆候を見せなかった。そのため母は誘発分娩を行わなければならず、大変な難産の末にぼくを産んだ。ぼくを初めて腕の中に抱いたとき、彼女は自分の直感がかなりいい加減だったと認めざるをえなかった。けれども全面的な敗北を受け入れたくなかった母は、にっこり微笑んでこう言った。「そうね。たしかに、4・2キロもある男の子だわ。でも顔はまるで女の子みたい！　それにこのふさふさした髪の毛を見てよ」

母は、母親になるために生まれてきたような女性だ。兄もぼくも母の夢だった女の子ではなかったけれど、そんなことは関係なく、彼女はぼくたちにとてつもない愛情を注いでくれた。一方で、母はかなりの頑固者でもあった。ぼくが生まれたとき、彼女は用意しておいた黄色いベビー服を着せると言って聞かず、あきれた祖母がこうたしなめたそうだ。

「こんな服を着せるのかい？　女の子の格好じゃないか！」

それでも母は「ほっといて！」と言って譲らず、ぼくはこの世に生まれ出てから数時間を、ひよこ色のロンパースを着て過ごしたのだった。

名前の問題も発生した。いくらなんでも男の子にリュデイヴィーヌと名付けるわけにはいかない。これについては、ぼくが生まれる数カ月前に兄がいいアシストをしてくれた。お気に入りのパジャマに描かれているクマの名前を赤ちゃんにも付けよう、と母に促してくれたのだ。母はそのことを父に報告した。

「ねえ、モイズったらさっきからずっと『ぼくのベイビー・テディ』なんてつぶやいてるのよ」

「へぇー。まあ、あいつがそう言うなら赤ん坊の名前はテディでいいんじゃないか？」

だが、このときはまだ女の子が生まれると固く信じていた母の答えはこうだった。

「どちらにしても、わかりきってるからいいのよ。この子は女の子だから私の決めた名前にするの！」

しかしぼくが生まれた翌日、モイズがまたもいい仕事をしてくれた。しかも今度は決定的なアシストだ。父に連れられて産院にやってきた兄は部屋に入るなり、大声でこう言ったのだ。「テディはどこ？」決まりだ。ほかの名前を付けようにも、もう遅かった。

４カ月後、ぼくたち一家は飛行機でパリに戻った。ぼくはとてもおとなしい赤ん坊だったので、機内に乳児がいるとは誰も気がつかなかったそうだ。でもそれは生まれて間もないころだけで、ぼくはひと筋縄ではいかない赤ん坊だった。どうやらぼくは生後数カ月もすると、持て余すほどのエネルギーを体に蓄え始めていたらしい。

母が語ってくれたこんなエピソードがある。冬のある土曜日、母は明け方に目を覚ました。目を開けると、真っ暗ななか、ある気配を感じた。すぐ目の前、ベッドの端に何かがいる……。よく見ると、ふたつの小さな光が暗闇の中で輝いていた。母は叫び出しそうになるのをこらえて、父を揺さぶり起こした。

「見て！　見て！　あそこに目が！」

「なんだって？」

「ほら、ベッドの端に誰かいるの！」

「誰が？」

「知るもんですか！　早く電気をつけて！」

父が枕元の電気をつけると、そこにいたのは、両足で立ち、両親を見つめたままベッドによじ登ろうとしているぼくだった。このときぼくはまだ生後10カ月にもなっていなかった。柵に囲まれたベビーベッドをいったいどうやって乗り越えたのかは、謎である。とにかくぼくは、ベッドで眠る両親のところに行こうとして生まれて初めて歩いたのだった。

このとき以来、ぼくは毎朝5時に目を覚ますようになった。家の中がまだ静まり返っているあいだは音を出してはいけないと言い聞かされていたので、ぼくは自分のベッドの中でぬいぐるみのクマと遊んだり、足をバタバタさせたりした。そのせいでベッドはすぐにきしみ始めた。母は母で、ぼくの早朝恒例のこの〝お勤め〟のせいでいつも起こされていたが、絶対にぼくを叱りつけたりはしなかった。「遊ばない子どもは子どもではない［訳注：チリの詩人、パブロ・ネルーダの言葉］って言うでしょう？　遊ばなければ大きくなれないのよ」。こんなふうに名言や格言をよく引き合いに出す母には、いつしか「マダム格言」というニックネームが付けられることとなった。

ぼくはまったく疲れというものを知らなかった。ベッドに入る時間（夜の8時）になっても元気で、そのうち昼寝もしなくなった。3歳のある週末のことだ。家族のみんなが昼ご飯を食べたあとに昼寝をし始めて退屈していたぼくは、暇つぶしを探していた。そんなとき、市場で買ったぶどうを母がキッチン・テーブルの上の大きなかごに入れていたのを思い出した。そこで、果物が好きで、とくにぶどうが大好物だったぼくは、こっそり自分の部屋を抜け出して、トコトコと廊下を走り抜け、テーブルの上のぶどうを1粒だけつまんで部屋に戻り、おいしく味わった。

だが1粒では飽き足らず、もう1粒、さらにもう1粒……という具合に繰り返し、結局ぼくは自分の部屋とキッチンを20往復もした。寝室で母は父にこうささやいていた。「テディったら体力を持て余しているのね。私だったらぶどうを房ごと持っていくけど、あの子は1粒ずつ取りにいっては食べ、取りにいっては食べ……。少なくともいい運動にはなるわね」

睡眠時間が少なかったせいで、不思議な光景を目にするときもあった。同じころの12月のある夜更け、ぐっすり眠っているはずの時間になぜか目を覚ましてしまったぼくは、ベッドから起き上がり廊下に出た。すると居間から灯りが漏れていたので覗きにいってみた。そして中に目をやった途端、ぼくは驚きのあまり、その場から動けなくなってしまった。なんと居間にはサンタクロースがいたのだ！　大きな赤い長靴下からプレゼントの包みを取り出して、次々とクリスマスツリーの足元に置いているところだった。サンタクロースはそれからバルコニーに出て、どこかへ消えてしまった――。

子どものころ、一瞬たりともじっとしていなかったぼくは、まさに長持ちする乾電池そのものだった。「テディはちょっと動き回りすぎなんじゃないかしら?」という声もあったようだが、これについては保育園に勤務し、幼児教育のエキスパートである母がこう答えていた。「違うわ。もしテディがそうなら、こんなに高い集中力は持っていないはずよ。それに、動き回りすぎる子は一度始めたことを最後までやり遂げられないものなの」

昼ご飯を食べたあとは、兄が昼寝から起き出して一緒に遊べるのを、ぼくはいつも今か今かと待ちわびていた。兄が起きると、たいていはまずレゴで遊ぶのだが、用意周到な両親がぼくたちそれぞれに大きなセットをひとつずつ与えてくれたので、遊び始めて5分でブロックの取り合いでケンカする、という事態は避けられた。

そして4時になると、そろそろおやつの時間だ。母が「今からおやつの用意をするわね!」とぼくたちに声をかけ、おやつができあがると呼びにきてくれる。これが集中力のない子どもだったら、すぐさまキッチンに駆けつけるところだろうが、ぼくは遊びが一段落してからでないと、その場を動かなかった。逆に、おやつはさっさと食べ終えて、すぐに遊びに戻った。パズルに取り組み、ミニカーを何度も走らせるのに満足すると、今度は家の近くにある小さな公園で自転車に乗りたいとねだる。ここは父の出番だ。わが家では、母は家の中で、父は公園でぼくたちの面倒を見る決まりになっていた。

そうして公園に行って1時間ほど自転車を乗り回し、さらに家の周りを3周する。父は初めのうちこそ、これだけ遊べばテディもいい加減疲れただろうと思ったみたいだが、その考えは間違いだったとすぐに気づいたようだ。なにせぼくはまだまだ元気いっぱいで、家に着くやいなや今度はお気に入りの遊びを始めるのだから。その遊びとは、物を隠すこと。たとえば、母が買ったばかりの手袋。片方だけを隠しても、「どうってことないわ」なんて言われてしまうだろうから、両方とも隠す。それでもめったに怒ることのなかった母だったが、ハイキングに出かけた際、ぼくが山から金のイヤリングを放り投げたことに気づいたときには、さすがに機嫌を損ねてしまった。

この〝放り投げゲーム〟は、3歳になる前にはすでに始めていた。今でもよく覚えていることがある。ぼくは母が買ってくれた白い靴が気に入らず、さんざん文句を言った。すると母は、ぼくをこう諭した。「ねえテディ、買ったばかりの靴なのよ。あと1カ月は履かなきゃもったいないわ」。でもどうしても嫌だったぼくは、片方の靴をつかむとアパルトマンの窓から投げ捨てた。靴が落っこちていく様子はとても面白かった。だが、母が靴を拾いに5階から下まで下りていくあいだに、どういうわけだか靴は跡形もなく消えていたのだった……。

ぼくたち一家は、クルセル通りに面した陽の光がさんさんと差し込むアパルトマンに住んでいた。パリ西部ポルト・ド・シャンペレにほど近いこのエリアを、両親はとても気に入っていた。近所に、小規模でひとクラスの人数が多すぎない、評判のよい私立学校があったからだ。両親は質素な暮らしをしていたけれど、よい環境で子どもたちを育てるという点に関してはお金を惜しまなかった。できるだけ頻繁にぼくたちを両親の故郷であるグアドループに連れていってくれたのもそのせいだ。

母の実家（祖父とぼくはいつも一緒にふざけてばかりいる）はラマンタンにある大きな家で、庭にはマランガ［訳注：熱帯地方で栽培される芋の一種］が生い茂っていた。一方、父の実家はヴュー・アビタンのリネール家の領地の一画にあり、川の近くに位置するその美しい邸宅は見事な植物群落に囲まれていた。父が育ったこの壮大な渓谷地には、リネール家の人間のほとんどが暮らしているが、その中心となるのは祖父と祖母だ。ふたりの8人の子ども（そして異母兄弟も）と孫たちは全員、バカンスの時期になるとここに集まるのが常だった。

ここでの暮らしは、まるでアメリカのテレビドラマ『大草原の小さな家』みたいで、リネール家の親族みんながやってきたときには、モイズとぼく、そして15人のいとこたちは、巨大な寝室に早変わりした屋根裏部屋で一緒に寝た。そして朝になったらぼくたちは牛の移動を手伝い（牧場では、朝になると牛たちは自分がつながれている柱の周辺の草を食い尽くしてしまっているので、場所を変えてやらなければならない）、それを終えると自転車に乗って川に出かけ、お日様のもと1日中水遊びを楽しんだ。

　そんななかお腹が空いたら、その辺の木から果物をもいで食べた。グアバ、スターフルーツ、スモモ（フランス本土で見るのとは大違いで、色がとても濃くてメロン並みに大きい）、それから「バンザイ」（おもちゃのスリングショット。いわゆるパチンコのこと）で木から撃ち落としたマンゴー。このマンゴー採りはそれだけで面白い遊びだった。木になっている果実に狙いを定めて、ヒュンと石を飛ばす。見事命中すると、いとこたちが地元の訛《なま》りで叫ぶ。「当たった！　当たった！」そうして採ったマンゴーは格別な味だった。

　このバカンスのあいだには車3、4台に分乗して、リネール家の人間全員で山のほうへ遊びに出かけることもあった。そんなとき、ぼくら子どもたちはわれ先にと、祖父の軽トラックめがけて駆けていった。特等席、つまり後ろの荷台の一番前をキープするためだ。そこに乗っかって立ち、体の真正面から風を受けとめながら進むのが、なんとも気持ちいいのだ。そうして河川敷まで行き、みんなで盛大にピクニックを繰り広げた。こんなバカンスを過ごし、パリに帰ってきたばかりのぼくたち一家の願いはただひとつ――今すぐグアドループに戻りたい！

ぼくたちが住んでいたアパルトマンは、もちろんそんなに広々としていたわけではない。それでもぼくたち家族の体の大きさを考慮に入れて（父の身長は189センチ、兄は196センチまで伸び、ぼくはそのうちみんなよりも高くなった）、みんながぶつかり合ったりせずスムーズに歩き回れるよう、すべてが計算のうえで整えられていた。たとえば居間に置かれていたのは、必要最小限の家具——丸みのあるデザインの大きな肘掛け椅子4脚（ひとり1脚ずつ）とローテーブル——だけ。

ともあれ両親は物欲のない人たちで、子どものしつけにもその考えが反映されていた（ぼくが大人になり、両親にちょっといいものをプレゼントしようとすると、彼らはいつも「私たちのことはいいから、お金を取っておいて、未来の奥さんと子どもたちのために使いなさい」と言った）。実は、ぼくが幼いころに窓から放り投げた白い靴にも、母のそんな考えが表れていた。そのときぼくは叱られもせず、母は靴を見つけられないまま戻ってくると、ただひと言こう言った。「母さんは悲しいわ……」このひと言で母の気持ちは十分に伝わった。

そして母はわざわざまた新しい靴を買ってきてくれ（こちらは気に入った！）、なぜそうしたのかを説明してくれた。「父さんと母さんが200フラン出してこの靴を買ったのは、窓から投げ捨てるくらいお金がたくさんあるからじゃないの。体が大きいあなたの場合、とっても丈夫な靴じゃないとすぐに履き心地が悪くなるからよ。でも、もしお友だちがこんなにすてきな靴を履いていなかったとしても、黙っていなさいね。どんな靴を履いているかなんてどうでもいいことなんだから」

両親が心を砕いていたのは、ぼくたちを正直で、愛に満ちた、他者を尊重する人間に育てることで、ふたりは流行りのバッグを所有し、2年に1回はカーテンを取り替えるというような生活に興味はなかった。親の物欲があまりに深いと、その子どもまでもが同じような発言をするようになり、それを聞いているとムカムカしてくる、とは父の意見だ。

そうはいっても、ぼくがふざけて居間のカーテンにぶら下がったりすれば、さすがにこう注意された。「カーテンが外れたり、何かが壊れたりしても、それ自体はどうってことない。ただ、お前くらい体が大きかったら話は別だ。それは無責任な行動というものだ」。「どうってことない」は、ぼくが子どものころに両親から一番よく聞いた言葉だ。物事を大局的に見るように促してくれる言葉であり、次からは気をつけろという意味も込められている。

それでも身にしみていない場合には、父が一喝した。「テディ！　1週間アニメを見るのは禁止だぞ！」これに対してぼくはいつも交渉を試みた。「もう一度だけチャンスをちょうだい！」それでダメなら母に泣きつく。「母さん、お願い……お願いだから！」でもぼくにはわかっていた。同じことを何度もしでかしたら、どんなに頼んだってふたりは考え直してくれないことを。

わが家の罰は理にかなっていた。つまり時間的に長すぎず、禁止されるのはさほど深刻でないものばかりだった。お仕置きを与えるのは、ことの重要性を認識させるためで、そのためにはどんな方法をとるべきか両親は心得ていた。今でもよく覚えていることがある。ぼくが8歳か9歳のころのある木曜日の夜に、モイズと一緒に起こしたひと騒動にまつわる顚末だ。翌日は家でクレープ・パーティーをし、土曜日にはアクアブルバール［訳注：パリ市内にある複合娯楽施設］に連れていってもらう予定になっていたのだが、その夜、ぼくたちはすさまじいいたずらをやらかしてしまった。

夕食後、ぼくたちはパジャマに着替えてバスルームに歯を磨きにいった。だがぼくは歯磨き粉を押し出すときに力を入れすぎてしまい、中身を勢いよく洗面台のシンクにぶちまけてしまった。これには思わずぼくも兄も大笑いした。そこでもっと強くチューブを握ってみると、歯磨き粉は今度はバスルームの壁にべっとりと飛び散った。ぼくらは笑いが止まらなくなった。兄もやってみたくなったようで、ぼくからチューブを奪い取って同じことを試みた。けれども、歯磨き粉は飛ばずにだらりと下に落ちただけ。よし、もっとやってみよう——。こうしてどちらが遠くまでたっぷりと飛ばせるか競争が始まった。ゲームはチューブの中身が空《から》になってようやく終わり、ぼくたちはベッドに入った。

母はバスルームのドアを開けるとき、嫌な予感を覚えた。そして不幸にも、その予感は当たった。バスルームの壁が１・５メートルの高さまで歯磨き粉まみれだったのだ。母はぼくたちをベッドから引きずり出した。「今すぐ掃除しなさい！」それだけでは終わらず、続いて罰が下された。楽しみにしていた土曜日のアクアブルバール行きが取りやめになったのだ。ふたりでいたずらをしたのだから、というのがその理由だった。でもクレープ・パーティーは予定通り行われた。生地をすでに仕込んでしまっていたこともあるが、両親にとって子どもから食べものを奪うのは何より許しがたいことだったからだ。

口数が多くて騒がしい子どもだったぼくの連絡帳には、担任の先生からの注意事項がしょっちゅう書かれていた。またもやそんな連絡帳を受け取ったある日の夕方、どうしても家に帰る気になれずに、ぼくは重い足取りで歩いていた。帰宅したら何が待ち受けているのかはわかっている。ぼくの両親は、学校関連のことについては細部にいたるまで目を光らせていた。宿題をちゃんとやっているかどうか確認し、学校で習った内容を復唱させ、ときにはそれ以上の課題まで与えた。そして毎日、連絡帳を見せるように言う……。

いろいろ考えているうちに、解決策がひらめいた。先生からのメッセージを見られないようにするには、学校に連絡帳を置いてきてしまったと言えばいいいんだ！

「連絡帳を忘れてきたなんて、どうして？　自分の棚はまだ与えられていないはずよね？」と母。

「うん……」

「明日の朝、父さんとふたりで学校の前で待っているから、連絡帳を取ってきなさい！」

明日は困ったことになるな、とぼくは悩んだ。でも幸いなことに、当日の朝は父も母も大急ぎで仕事に行かなければならなかった。

「行ってらっしゃい。今日は連絡帳を忘れちゃダメよ！」

だが、その日も昨日と同じ問題が発生した。両親に叱られることを恐れたぼくは、結局その1週間ずっと連絡帳を学校に忘れてきたとシラを切り続けた。しかしついに両親が担任に連絡をとり、ぼくの嘘はあっけなくバレてしまった。そして今度ばかりはこっぴどく叱られる羽目になったのだった。


毎日思い切り楽しく過ごしてもよいけれど、超えてはならない限度があることを忘れるな——両親は、幼いぼくたちがどうしたらこれを理解できるようになるかわかっていた。ぼくが2歳で兄が4歳のときのことだ。母が初めてショッピングセンターに連れていってくれた。だが建物に入ろうとしたとき、母は突然立ち止まり、その場から動かなくなった。

「母さん、どうしてこんなところで止まってるの？」とぼくは尋ねた。

「いいから。そのうちわかるわよ」

「母さんたら！　みんなが見てるよ……なんで行かないの？」ぼくはなおも食い下がった。

「まあ見てなさい。とにかく待ってて」。母はそう言うだけだった。

そうして5分経ったころ、ひとりの男の子がぼくたちの目の前で床に転がった。何かを買ってほしいと駄々をこねているらしい。すると母はぼくたちのほうに向き直って言った。

「モイズもテディも絶対にこんなことはしないでね。もしやったらショッピングセンターの中に置き去りにしますからね！」

両親の教えはつねに首尾一貫しており、ぼくたちが自ら正しい選択を下せる能力が身につけられるよう尽力してくれた。たとえば母と一緒に買い物に行ったときには、ぼくたちは目に留まったものを片っ端からカートの中に入れてもよかったが、レジのところまで来ると必ずこんな具合に聞いた。

「さて、ステーキと車のおもちゃ、どっちを買おうかな？」

「両方買っちゃだめ？　お願い！」

「無理よ。母さんはそんなにお金を持っていないんだから、全部は買えないわ。お肉か車、どちらかひとつを選ばなきゃ……どうする？」

「じゃあ……お肉！」

こんなふうにして、ぼくたちは必要なものだけを選び、そうでないものはショッピングカートから取り出していった。でも会計をすませると、母はよくこうも言った。

「あら、ほんのちょっとだけお金が残ったみたい。そんなに高いものは無理だけど、ふたりとも、何か気に入ったものがあれば買っていいわよ」

父と母はぼくたちになんでも惜しみなく与えてくれたけれど、むやみにではなかった。かわいがってくれたけれど、甘やかしはしなかった。ティーンエイジャーのころ、ぼくたちは自分の銀行口座を作ってもらい、クレジットカードも持たせてもらったが、これは小遣いの管理を学ぶためだった。ただカードを持ち始めた当初は、毎月16日になると、ぼくたちは母に泣きつく羽目になった。

「お金、引き出せなくなっちゃったよ!」

「あら、そう？　でもどうして？」

「だって、わかるだろ？　あれも買ったしこれも買ったし……」

「それはお気の毒に！　来月まで待つしかないわね」

こうしてぼくは自分でなんとかする方法を学んでいった。できるだけ浪費をせず、将来に備えるようになった。そのひとつの例として、車のことが挙げられるだろう。運転免許証を手に入れた日、友だちが自分のフェラーリを貸してくれた。ぼくは夢をかなえた子どもみたいにこれで遊び回り、ＩＮＳＥＰまで運転していったりもした。でも自分で車を買う段になってぼくが選んだのは、もっと地味な車だった。

両親は、「父さんや母さんがいつまでも生きていると思ったら大間違いだよ」と耳にタコができるほど繰り返した。また、ぼくたちが学校に通っていたころにはよく、「物事がうまくいくようにするには、少なくとも３つの柱に支えられていなければならない」とも言った。わが家にとっての３つの柱とは、家庭と学校と教会だ。つまりはこういうことだ。子どもは親の忠告を話半分で聞き流す。学校の先生が同じことを言えば、「もうそれ聞いたから！」と思う。そしてさらに教会で同じ話を聞かされて初めて、その忠告は子どもの頭に入る――。宗教の存在は両親にとって自明の理であり、子どもを教え導くうえで助けになるものだった。小さいころ、母とこんな会話をしたことを覚えている。

「ねえ、母さんはいつも『人は自分より小さなものを必要とするときがよくある』〔訳注：イソップ寓話を下敷きにしたラ・フォンテーヌの『ライオンとネズミ』の一節〕って言うけど、ほかの人が言っているのをもう何回も聞いたよ」

「そうでしょ！　母さんがでっち上げた話じゃないのよ。これがほんとうのことだから、誰もが言うのよ」

家ではいつも温かく守られていると感じていた。わが家の雰囲気はほんとうに独特なものだと思う。笑いが絶えず、一緒に遊んだり、両親の故郷の言葉で冗談を言い合ったり、廊下でサッカーをしたりもする。からかい合うのも大好きな、とても仲のよい家族だ。ぼくたち4人が共有する人生観、それは「人生は短い。だから十分に味わい尽くし、今この一瞬を悔いなく生きなければならない」。

ぼくはこの考えを四六時中実践していた。子どものころ、兄が昼寝を始めるやいなや邪魔をしにいったのも、昼寝なんて時間の無駄だと思っていたからだ。そんなときはまず、兄のベッドに腰掛けて耳元でこうささやく。「ねえ、もういい？ もう昼寝は終わった？」もちろん兄は返事すらしないから、今度はつねってみたり、お尻を叩いてみたり、くすぐってみたり……。それでも相手にされなければ、次に向かうのは父の部屋だ。上掛けを引きはがして、ごそごそといたずらする。でもそれくらいでは無視されるのが普通なので、続いて柔道の技をかける。すると父はたまらず、息を切らせてこう言う。「離してくれよ、テディ！ 俺をいくつだと思ってるんだ！」

ぼくの父にいたずらしようと思う人間はそんなにいない。外見が威圧的だからだ。背が高くて、強面《こわもて》で、ちょっと冷たい感じを与えるので、「お前の父さん、なんか怖いよ」とよく言われたものだ。でも女の子たちの反応はこうだ。「テディのお父さんてなんて男前なの！」息子のぼくが言うのもなんだが、実際に父は男前でエレガントだ。それにいろいろな民族の布地を持っていて、たとえばアフリカの民族衣装を着るときには、これに合った一番美しい布地を選んで身につけたりするので、見ていて楽しい。一見、とっつきにくいように見えるけれど、話しかけたり笑わせたりすれば鎧《よろい》はすぐにはがれる。たとえば、自分なりにおしゃれしたなと思うときに、ぼくは父とこんなやりとりをする。

「見てよ。父さんよりぼくのほうがカッコいいだろ？」

「おしゃれを誰に教わったと思ってるんだ？」

「父さんじゃないことは確かだね！」

これで父は大笑いする。ふざけるのが大好きなのだ——昼寝の時間以外は。母をからかうのはもう少し難しい。ノリがよすぎるからだ。ふざけて固め技をかけても、彼女は平然としている。びっくりするくらい頑強で、それどころか逆にぼくのことを持ち上げようとしたりもする。ぼくたちは似た者同士で、こんな冗談もよく交わす。

「俺ってハンサムだよね」

「当たり前でしょ。私が産んだ子なんだから！」

ぼくたち兄弟がどれほど大切な存在であるか、父と母は毎日繰り返し言ってくれる。今ではこれが、母とぼくのあいだで一種の遊び——一番すてきな愛情宣言をしたほうが勝つというゲーム――になっているくらいだ。23年間、母から愛情たっぷりの言葉を受け続けているが、そのたびに感じるのはなんとも言えない安らぎだ。とくに、ものすごく大切な局面でその効力は発揮される。

たとえば試合の前日、母はいつも電話をくれるのだが、彼女の言葉を聞いていると、ぼくは自分自身に勝てるような気になってくる。そして母が必ず電話の最後に言ってくれる、「愛してるわ、テディ!」という言葉で、母のためなら不可能に思われることでもやってみようという気持ちになるのだった。

母が言うには、母親業はこの世でもっともすばらしい仕事なのだそうだ。実際、彼女はこの仕事に全力投球している。それは、こんなエピソードからもわかる。ある昼下がり、両親はぼくたちを保育園に預ける時間を少し延長して映画を見にいった。ところが母は罪悪感にさいなまれ、映画観賞をぜんぜん楽しめなかった。そんな母の様子を見るに見かねて、父はとうとう言った。「わかった。もう出よう! で、子どもたちを迎えにいこう。あの子たちのことばかり考えて、心ここにあらずだからな」

こんなにもたっぷりと愛情を注がれれば、誰だってのびのびと育つものだ。去年(2011年)の8月、ぼくが世界選手権で5度目の優勝を果たしたとき、報道陣の質問に答えて母はこう言った。「テディがチャンピオンのタイトルを取ったことを、ほんとうに誇りに思います。でもマステル1［訳注：フランスの大学の修士課程1年目］を取得した長男のモイズもまた自慢の息子なんですよ」。記者たちはこのコメントに意表を突かれたようだが、ぼくはちっとも驚かない。ぼくたち一家の絆がとても強いのは、このような互いに対する思いやりがあるからだ。

両親の愛、ユーモア、そして道徳観は、ぼくたち兄弟に計り知れないほどの力を与えてくれた。ありえないほど幸せだったぼくの子ども時代は、何物にも代えがたい。小さいころ、ぼくは母によくこんな質問をした。

「ねえ母さん、母さんはいつも『父さんと母さんは、ありのままのあなたたちを愛してる。親がこうなってほしいなと思う息子のイメージを愛しているんじゃないのよ』って言うよね。どうして？」

それに対する母の答えはこうだった。

「ほんとうにそう思っているからよ。あなたたちにはまっすぐに育ってほしいの。そしていつの日か、あなたたち自身の子どもにも同じことを言えるような大人になってちょうだい。そうしたら、私たちの教育方針が正しかったとわかるから」

理想の教育なんて存在しないと言われているけれど、ぼくたちの受けた教育はほとんど理想に近かったと思う。両親はいつもそばにいてくれ、ぼくたちの言うことに熱心に耳を傾けてくれた。ティーンエイジャーのころはとくにそうだった。幼いころは本能的に親にすがるものだが、ティーンエイジャーになるとそんな気持ちはなくなり、親は相談を持ちかけるのに必ずしも適切な相手ではなくなる。だがモイズとぼくが自分たちの殻にこもり始め、毎日の出来事をだんだん両親に話さなくなってきたとき、彼らはぼくたちの作った壁を強行突破してきた。ぼくやモイズの部屋に、おかまいなしに入ってきて座り、じっくり話す時間を持った。ほどけそうになった絆は、こうしてしっかりと結び直された。

また、ぼくたちが「ぼくも父さんみたいに自分でなんでも決める」といった態度を見せ始めると、両親は勢い込む心をさりげなく落ち着かせてくれた。もう大人だということを証明しようとバカげたふるまいに及ぼうとすれば、軌道修正してくれた。しかもそんなときは、父も母も決して公衆の面前では小言を言わず、家族だけで静かに話し合う時間が持てるまで待ってくれた。

20歳《はたち》を過ぎた息子たちにまだこまごまと世話を焼く両親を見ると、ぼくたちは笑ってしまう。「モイズもテディもほんとうに子どもなんだから……。子育ての苦労はまだまだ続きそうだから気を引き締めなきゃ！」母はそう言って、身長2メートル、130キロの筋肉の塊である息子たちをいとおしそうに見つめるのだった。

第3章

柔道はダンスだ！

とても幼いころから、ぼくは体の大きさのせいで何かと苦労してきた。たとえば公園で遊んでいると、知らない人が来てこう言う。

「この遊具は坊やには小さすぎるわ。遊んでいるうちに壊れちゃうかもしれない。ほら、ここに書いてあるでしょ、〝4歳以下の子ども用〟って。さあ、降りて」

そのときまだ2歳半だったぼくは、どうしてそんなことを言われるのかわからなかった。

保育園に通っていたときも、家に帰るといつもぼくは不満を漏らした。「父さん！　ほかの子が一緒に遊んでくれないの！」「母さん、みんなで一緒に遊んでいると、先生がいつもぼくだけ離してベンチに座らせるんだ」。保育園では、「お友だちと遊んじゃダメよ。もしほかの子の上に落ちたら怪我をさせちゃうからね」と言われていた。また、テーブルの下に潜り込むほかの児童の真似をすれば、体をガツンとぶつけたうえに通り抜けられず、青あざをつくる……。そんなことがしょっちゅうで、何もかもがうんざりだった。ぼくは自分がほかの子どもよりも大柄だとは気づいていなかった。みんなと同じくらいだと信じていたので、仲間外れにされた気分だった。

しかし両親はすぐに問題を見抜き（兄もまた同じ目にあっていたから）、事態が深刻化する前に解決に乗り出してくれた。彼らが教えてくれたのはポジティブ思考だ。つまり体が大きいことを自覚させてくれ、さらにそれを強みに変えるよう導いてくれたのだ。ふたりはあれこれの遊びをしてはいけないと言う代わりに、うまく遊べるよう手助けしてくれた。そしてぼくが自信をつけるためなら、どんな機会も逃さなかった。たとえばこんな具合に。

「あそこの高い棚の上にある箱が見える？　取ってくれないかしら」

「ほら、取ったよ。母さん」

「ありがとう。ほかの子じゃこうはいかないわね。みんな背が低すぎるもの。でもテディは大きいから届くのよね！　母さんとってもうれしいわ」

父は父で、ぼくを誰かに紹介するときは決まってこう言ってくれた。

「大きいでしょう、うちのセガレは」

父と母のお気に入りのネタはこれだ。

「鏡で見てごらん。テディはほんとに男前だ。背が高くて顔もいいなんてすごいじゃないか！　明日は女の子たちが群がってきて大騒ぎになるぞ」

5歳になったとき、この大きな体を活かし、あり余るエネルギーを発散させるために、両親はぼくにスポーツをやらせ始めた。ぼくはすぐに夢中になった。こんなに楽しいものがあるなんて知らなかった。父と母は、運動に打ち込み、がんばるよう励ましてくれたけれど、できないことがあってもそれを責めたりはしなかった。彼らはスポーツと遊びを同等のものとして考えていた。「なんでもっと上手に遊べないの！」なんて子どもを叱咤《しった》する親はいないだろう。そんな感じだ。

子どもにレゴのブロックを与えると、レゴはイマジネーションの世界に溶け込んで、その子はこのおもちゃを自由自在に操るようになる。でも、レゴを与えたのだから組み立てるのは当然、城塞であってほしいなどと期待するのはお門違いというものだ。大切なのは、子どもが楽しんでいるかどうかだ。

何が起ころうと、どんな問題点があろうと、ぼくの両親はつねにこの考え方を貫いた。ぼくが柔道の試合に出場するようになってから、負けた試合のあとで「お前がダメなせいだ。もっとましな試合はできなかったのか！」などと言われたことは一度もない。こんなことを言われたら反発したくなるだけだったろう。逆に、両親がかけてくれる言葉はぼくを奮起させた。「負けたってどうってことないさ。もしミスをしたのなら、次からは同じミスを繰り返さないようにすればいい。そうすれば、もっと強くなれるだろう。お前を信じているよ」

年端もいかないうちから、ぼくのスケジュールはぎっしり詰まっていた。ぼくにとってスポーツは最高の憂さ晴らしで、空いている時間はほぼずっとスポーツをして過ごした。最初に始めたのは陸上競技で、短距離とハードルが大好きだった。一方、週末に行われるクロスカントリーはあまり好きではなかった（ぼくにとっては競技時間が長すぎた）。これに加えて6歳のときにはクライミング、水泳、柔道、つまりアクアブルバールの多目的体育場で行われるほとんどすべての種目に参加し始めた。さらに土曜日の午前中はサッカーの試合もあった。

その次の年には、日曜日に柔道の試合に出場し始めて注目を浴びるようになった。敏捷で血の気が多く、ファイトをみなぎらせていたうえに実年齢より上に見られたので、アクアブルバールの柔道部では自動的に年長の生徒のクラスに入れられた。そのおかげで進歩も速く、最初は小規模の選抜大会で、続いてパリ選手権で、ぼくは年上の対戦相手をこてんぱんにやっつけてしまった。相手が年上でも緊張するどころか、自分の出番を待ちかねてイライラするほどだった。そして「始め！」の合図を聞くやいなや突進していった。

ぼくはとてもスポーツに向いていた。体つきも活力も闘争心（これも母譲り）も、おあつらえ向きにできていた。スポーツは純粋な楽しみであり、病みつきにさせる何かがあった。ぼくが柔道を好きになったのは、初めてクラブに所属したときのコーチ、アラン・ペリオのおかげでもある。とても感じのいい人で、当時まだ20代前半だった。アランの髪の色はしょっちゅう変わり、3月には濃い金髪、翌月には白に近い金髪、そして6月に赤みがかった金髪になったかと思えば、夏のバカンス後の新学期には銀髪で登場するといった具合だった。彼が次にどんな髪色にするかは予測不可能で、ぼくら子どもたちに大いに受けたものだ。

ぼくはアランのクラスが大好きだった。彼はそれぞれの生徒に対して何をしてほしいか辛抱強く時間をかけて説明し、決して声を荒げたりしなかった。生徒と対戦するときには、コーチとしての視点を忘れずに、ときには負けてくれたりもした。これにはぼくたちも鼻高々になった。一方でアランは生徒たちを統率する術にも長けていた。とくに彼が口笛を吹くときには要注意だった。この口笛は「お前たち、いい加減にしろよ！」を意味しているのだが、ぼくたちが真似をしようとしても同じ音は出せなかった。

この警告は、兄のモイズとぼくめがけて発されることが多かった。というのも、稽古の前に行われるさまざまな技についての講義が長く、退屈してしまったぼくたちはついついおしゃべりをしたり、ふざけっこをしたりしていたからだ。兄とぼくは戦うため、エネルギーを発散させるために来ているのであって、おとなしく床に座っているために来ているのではなかった。アランも、固め技や「作り」などの技術の解説が終わるまで僕らに耳を傾けさせるのは無理だとわかっていたようだが、それでもしょっちゅう講義のあいだに例の口笛が響き渡り、「モイズとテッド、ベンチで座ってろ！」というひと言をくらう羽目になった。

だが、これはお仕置きの序の口にすぎなかった。というのも、「乱取り」（技をかけ合う自由練習）が始まってもぼくらは放っておかれたままだったのだ。やらかした大騒ぎの度合いによってはひと勝負どころか、ふた勝負も待たなければならなかった。動きたくてうずうずしているぼくらにとって、これはかなりの苦痛だった。ベンチでぼくたちがやきもきして懇願する声をひときわ大きくしていっても、アランにとっては馬耳東風だった。兄とぼくの性格をよく理解していた彼は、こうして楽しそうにぼくたちを懲らしめ続けた。「よし、来い！」というアランのひと声がどれほど待ち遠しかったことか……。許しを得ると、ぼくたちが弾かれたようにベンチを飛び出していったのは言うまでもない。

かなり長いあいだ、「正しく導く必要のある腕白坊主」とみなされていたぼくだったが、12歳のときには13―14歳の部でパリのチャンピオンになった。ぼくくらいの体格の子はそうそういなかったからだ。さらにイル＝ド＝フランス〔訳注：首都パリを中心とした地域圏〕の選手権では3位になった。パリのチャンピオンになれたおかげで、ぼくは所属クラブであるPSG‐JUDO〔訳注：現在の呼称は「Ｐａｒｉｓ Ｊｕｄｏ」。当時はアクアブルバールが本拠地だったが、現在はシャルレティ・スタジアム〕のエリート育成クラスに迎えられた。ここでは、パリで最強の柔道選手たちと一緒に研修を受けることができた。

この研修がぼくは楽しみで仕方なかった。でも相変わらず、技の講義のあいだは注意散漫だった。おしゃべりばかりし、振り向きざまに仲間をからかったり……。そんなある日、アランはぼくをつかまえてふたりきりになるとこう言った。「テッド、お前はほかの子と同じバカをやってると自分では思っているだろう。だけどあいつらは目立ちはしないんだ。お前の場合、頭ふたつ分飛び出しているから、どうしたって目が行ってしまうんだよ」

そしてついにアランはぼくの性根をもっと厳しく叩き直そうと考え、ぼくがもっとも憧れていた柔道家、ダヴィド・ドゥイエ［訳注：1996年のアトランタ・オリンピック95キロ超級と、2000年シドニー・オリンピック100キロ超級で金メダルを獲得］の助けを求めた。PSG・JUDOには、ダヴィドやジャメル・ブーラ［訳注：1996年アトランタ・オリンピック78キロ以下級で金メダルを獲得］をはじめとするフランス代表チームのメンバーのほとんど全員が所属しており、彼らが生徒たちに帯を授与してくれるのが恒例になっていた。当時12歳のぼくは緑帯［訳注：3級］をもらえる予定だった。

だが帯授与式が始まる数分前、アランはダヴィドにこう伝えた。「テッドにはもっと気持ちを引き締めてほしいと思っている。もし君がそれを伝えてくれたらテッドも身にしみてわかると思う。テッドには予定していた色の帯は渡さないことにした」。そしてダヴィドがみんなの前で「さあ、これは君にだ！」と言ってぼくに渡してくれたのは、緑帯ではなく、オレンジ帯［訳注：4級。これは3級よりも下の級］だった。ぼくにはわけがわからなかった。頭が混乱して、ものすごく傷ついた。

目でアランを探すと、彼はまったく動じた様子を見せていなかった。でも授与式が終わるとすぐにぼくのところにやってきて、ことの次第を説明してくれた。「緑帯なんて、お前なら数カ月もすれば取れるさ！　どのみち、技術的にはまったく問題ないんだから。けれども、規律を守らないことがあまりに多すぎる。だから今回は予定の帯は渡さないことにしたんだ。軌道修正してみろ、お前ならきっとできる！」そう言われても、黙って受けとめるにはあまりに厳しい仕打ちだった。たしかに、ぼくの態度はよくない。でも畳の上ではちゃんとやっているのに……。そんな思いがどうしても拭えなかった。

それからの10年間、アランはずっとぼくのコーチをしてくれた。10年のあいだに身長は80センチ伸び、体重は70キロ増えた。アランは、ここまでならやってもよしという許容範囲を決める（ぼくにはこれが必要だった）と同時に、どうやったら体を自在にコントロールし、自然体のままで効果的に動き、つねに軽快でいられるか手取り足取り教えてくれた。

アランのアイデアの中でも最高だったのは、ぼくがカリブ海に浮かぶグアドループ生まれであることをうまく利用したものだ。あるとき彼がこう言った。「柔道ってのは体がでかい奴にとってのダンスみたいなものだ。だからお前もそんなノリで動いてみろ！　踊るんだ！」ぼくは素直にアランの言うことを聞き、それ以来、畳の上に上がると、まるでズーク［訳注：カリブ海上にあるフランス領アンティル発祥の音楽とダンス］を踊っているみたいに腰を振った。これをやると、たいていの対戦相手は驚きの表情を浮かべ、たちどころに動揺する。そしてぼくはそこにつけこむ――。腰振りダンスはぼくの定番となり、アランの「踊れ！」も彼のお決まりの掛け声となった。

アランはぼくという人間をよく理解しており、ぼくがどうすればもっと柔道が好きになるかをわかっていた。技術と規律が同時に要求されるスポーツだが、楽しみだってとても大きいんだと、アランはぼくに繰り返し言った。楽しみなしには生きていけないぼくにはぴったりのスポーツだった。試合と練習では、楽しみの種類は少し違うけれど、とにかくどちらも楽しくて楽しくて仕方なかった。つまるところ、アランと両親は同じ波長の持ち主だったということだ。3人とも、どうすればぼくという人間がうまく機能するか心得ていた。

この10年間、ぼくは彼らのおかげでとても安定した精神状態でいられた。彼らは試合の前には決まって、「勝ってこい！」ではなく「楽しんでおいで！　遊んでおいで！」と言ってくれた。そうすることでぼくが緊張を解き、己を解放して畳の上で思う存分動けるよう仕向けてくれたのだ。子どものぼくに、「将来はチャンピオンを目指そうね！」などとは誰も言わなかった。ぼくはラッキーだった。人は何かに縛られているときよりも、遊び感覚のときのほうがはるかに真価を発揮できるのだから。

〝緑帯事件〟があったころ、ぼくはバスケットボールとサッカーにも打ち込んでいて、どちらもかなり上達していた。サッカーでは、ディフェンスながらゴールを何回も決めていた。要するに、ぼくの目の前にはいろいろな可能性が広がっていたわけだ。柔道を続けてトップレベル・スポーツ選手養成システムの中に入るか、バスケかサッカーにおける可能性を見出すか――。

ある水曜日の午後、モイズとぼくはスタッド・フランセ［訳注：パリの総合スポーツクラブ］のバスケットボール部門の入団テストに行ってみた。練習はいい感じに進み、ぼくたちは何度もシュートを決めた。帰り際にはクラブの人たちがやってきて、ぼくたちに興味があると言ってくれた。兄とふたり、上機嫌で柔道の稽古に向かい、練習が始まる前、仲間にスタッド・フランセでの出来事を話して聞かせた。

すると、それを耳にしたアランがぼくを人気《ひとけ》のないところに呼び寄せ、こう言った。

「お前はどんなスポーツも上手にこなすし、どんな道を行こうと、それなりの結果を出せるだろう。でもな、もう13歳だ。そろそろひとつのスポーツに絞らなきゃいけない。すぐに決めろとは言わない。よく考えてみるんだ。楽しみながらでいいから」

ぼくはがっかりした。どれかひとつになんてまだ絞りたくなかったからだ。でもアランの言うことが理にかなっているのもわかっていた。それにぼくは、問題が発生したらできるだけ早く解決してスッキリしたい性分だ。そこでサッカーとバスケの練習にも参加して、それぞれの長短を秤《はかり》にかけてみることにした。サッカーとバスケについては、兄や友だちと一緒にプレーするのはほんとうに楽しかったが、他人のせいで勝ったり負けたりするのが嫌だった。また団体競技では、敗北しても、それが誰の責任にもならないことがあると気づいた。そのため、試合を客観的に見直して、さらなる進歩へと役立てるのが難しい。

一方、柔道は基本的に自分ひとりが頼みの競技だから、より頭脳プレーが要求され、戦略をもって挑まなければならず、問題があったら原因を探すことが大事だ。つまりは、柔道のほうが結果は自分の努力次第で変えられるし、やり方によっては無敗だって可能だということだ。それにアランがよく言っている。「個人競技の中でも柔道はとくに団体的な要素が濃いんだ。乱取りや仲間と組んでの練習がなければ上達しないからね。あとコーチも必要だしな！　それでも勝利は、とにかくお前のものだ。団体戦で勝利するときだって、個人の勝利があってこそだ。だから、なすべきことをなしたという実感をお前が持つと、チームメイトの士気も高まるんだ」

柔道が自分に一番合っていると思ったし、「一本」を取るのが何より楽しかったので、心を決めるまでに時間はかからなかった。ある日の稽古の終わりにアランのところへ行くと、ぼくは単刀直入に宣言した。「柔道をやります！」

すぐに決心できたのは、両親がぼくと同じ意見だったことも大きい。ふたりとも柔道の経験はまったくない（ただし父はしょっちゅうランニングをしているし、母はエクササイズを欠かさない）けれど、柔道の道徳規範が気に入っている。両親によれば、自制、名誉、謙遜、誠意、礼節、勇気、尊敬などは、親が子どもに教えなければならない〝人生の規範〟なんだそうだ。だから口癖のようにこう言っていた。「人は体だけ大きくなったってダメだ、頭の中身も成長しなけりゃ……」

そんな父と母が〝人としての成長〟に役立つ柔道が好きなのも当然と言えば当然かもしれない。柔道の道徳規範は決して上っ面だけの人生訓ではない。生徒たちは繰り返しこれを教わり、自分の糧とする。こうした価値観を大切にするスポーツは――それに親も――とても少ない。才能あるスポーツ選手が挫折してしまうのは、もしかしたらそれが欠けているからかもしれない。子どものころから「君がスターだ。一番強くて一番美しい！　さあ、この400万ユーロは君のものだよ」などとさんざん聞かされてきたら、それも仕方のない話ではあるけれど。

ぼくは13歳にして次々と優勝を重ねていった。しかしPSG・JUDOに所属していたおかげで、地に足のついた人間でいられた。ダヴィド・ドゥイエやジャメル・ブーラフランス代表メンバーは、ぼくたちに帯を授与してくれたあと、稽古も見てくれた。これはありえないような貴重な体験だった。ぼくたち生徒は彼らにひと泡吹かせてやろうと躍起になったけれど、みなほとんど指先だけであしらわれた。ダヴィドやジャメルに胸を借りての稽古を通して、ぼくはトップレベルのアスリートとはどんな人たちのことを言うのか、これからどのような進歩を遂げなければならないか理解した。ぼくには、まだまだ努力が足りなかった。

第4章

トップレベル・スポーツ選手への道

ティーンのころのぼくの夢、それはポール・エスポワールに入ってトップレベル・スポーツ選手の仲間入りをすることだった。夢の実現はそう遠くないと思っていたが、この道を選んだことによる代償の大きさ——両親のもとを離れた寄宿生活——もわかっていた。それでもスポーツ・エチュード・プログラムへの参加は乗り越えなければならない試練であり、ぼくにとって大きな前進だった。

そして14歳のとき、それが現実味を帯びてきた。数多くの柔道のポール・エスポワールの中でも、ブレティニーにあるセンターがぼくに興味を示してくれたのだ。幸いなことにブレティニーはパリからそう遠くなかった。さらにぼくは必要条件もすべて満たしていた。イル=ド=フランスの選手権で2回優勝していたし、学校の試験の成績も十分によかった。そうしてある日の午後、とうとうブレティニーのセンターのディレクターを務めるフランク・ドゥクロワから自宅に電話がかかってきた。だけどこれは、悪い知らせだった。「今年は君を受け入れることができない、寄宿施設がないから。でも来年は……」

ぼくは腹を立てて部屋に閉じこもった。「今年行きたいんだよ！　来年じゃダメなんだ！　1年を棒に振るわけにはいかないんだよ！」だが、やがて冷静になったぼくはこう考えた。あきらめるのは早すぎる。ほかにも方法があるはずだ——。そこで本棚から「ポール・エスポワール」のファイルを取り出して開き、パンフレットをひとつひとつ丁寧に分析していった。するとルーアンとアミアンのセンターには寄宿舎があることがわかり、ぼくは母の許可を得るとすぐに双方に連絡してみた。

その甲斐あってぼくは、最終的にルーアンのポール・エスポワールに入れることになった。ぼくを受け入れてくれたのはドミニク・パオロッツィ（ダヴィド・ドゥイエをはじめとする重量級の選手を数多く育てている）で、彼はその2週間後の週末に開催される一般公開日に招待してくれた。そこでぼくたち一家はパリから100キロほど離れたルーアンに行き、CRJS（Centre Régional Jeunesse et Sport＝青少年スポーツ地域センター）を訪ねてみた。

CRJSは近代的な美しい建物で、ぼくが通うことになるルイ＝パストゥール中学の真ん前にあった。このセンターはわりとこぢんまりとしていたから、途方に暮れたり圧倒されたりはしなかった。寮の部屋も居心地よさそうで、全部で20人ほどが寄宿していた。競技種目は違うけれど、同学年の男子の中には知った顔もたくさんいた。

ルームメイトのクリストフ・ロペスもそのひとりで、彼はぼくと同じくパリ柔道連盟に所属していた。父と兄がセンター側と話をしているあいだ、ぼくたちはすでに打ち解け、ふざけ合っていた。新学期が待ち遠しくなった。コーチのドミニクは、ごつい顔つきにスキンヘッドで、威圧感がある（彼が口を開くと、誰もが自然と黙ってしまう）せいか、厳しそうな人に見えたけれど……。それでも14歳でトップレベル・スポーツ選手養成センターに入り、家族も親友もいないところで暮らすなんて、すごく面白くなりそうな気がした。
とはいっても、実はあることが夏のあいだじゅう頭を離れなかった。CRJSで何をやらされるのか心配でたまらなかったのだ。とくに、1回目の練習が怖かった。レベルはどれくらい高いんだろう？　地獄の特訓なのかな？　テレビドラマでやっているみたいにしごかれるんじゃないだろうか？　トップレベルのアスリートはみな、『ロッキー』の主人公みたいなスーパーヒーローに違いない。ぼくなんて、ただの健康優良児だ。背も高いし体格もいいけど、筋肉だってまだ十分にはついていない……。不安は尽きなかった。

中学の第4学年［訳注：フランスの教育制度は5・4・3年制で、第6学年より始まる中学から、学年が上がるごとに数が小さくなる。つまり中学4年は日本の中学2年に相当する］の新学期が始まる前日の午後遅く、父と母が車でルーアンまで送ってくれた。寮に着くと、母はぼくの部屋を居心地よく整え、持ち物をタンスの中に収め、最後にこんな言葉をくれた。「がんばって練習しなさいね。ベスト5に選ばれて、ポール・フランス［訳注：20歳以下の強化センター］に入るのよ。でも、なぜ柔道をやっているのかを絶対に忘れないで。何よりもまず楽しんでやりなさい」
次の日から授業と練習が始まった。起床時間は6時45分、朝食は7時から。このときだ、ぼくが寄宿生であることをしみじみ実感したのは。オレンジジュースはジュースよりも多い水で割ってあり、トーストに塗るものもあまりおいしくなかった。そこでぼくたちは、自宅から食料を持ってくるようになった。また、テキパキと行動すれば、早くベッドに入ってそのぶん多く寝られるということも学習した。

登校初日の朝、知り合いがいますようにと祈りながらルイ＝パストゥール中学へ向かった。幸いなことに、同じクラスに仲のよい柔道選手がいた。バルテルミーとコーチの息子のユーゴだ。でも先生たちより背が高いのは、1メートル90センチのぼくひとりだった。一クラスの雰囲気もいい感じで、ぼくたち3人はほかの生徒たちから質問攻めにあった。一方、教諭陣はぼくたちを決して甘やかさなかった。彼らもぼくたちが1日中CRJSと中学のあいだを行ったり来たりしているのは知っていたが、どんな言い訳があっても遅刻は大目に見てくれなかった。そのため8時きっかりに始まる授業に遅刻しないよう、目覚まし時計は2個かけた。

そのあとのスケジュールはこんな感じだった。11時から13時まではCRJSで体作りのトレーニングまたは柔道の練習。それから昼食をとりに中学へ戻り、そのまままた授業を受ける。夕方はシニア選手たちとの乱取り稽古。彼らは寄宿生ではなく、午前中は来ないから、この時間の道場の人口密度は一気に上がる。そして夕食のあとは寮の1階に集まって、監督官の立ち会いのもと宿題をする。といってもこれは、監督官がぼくたちをちゃんと呼び集められたらの話だが。

ともあれ、自習は必ずお祭り騒ぎで始まった。無駄話をし、紙屑玉を投げ合い、あっという間に大騒動になる。それは、監督官が「ちゃんと勉強しろ！」と一喝するまで続く。そうして消灯時間の21時を迎えるが、こんな時間にはめったに眠くならない。でもテレビは見られないしビデオゲームもできないので、ぼくたちはおやつを食べ（いつでも小腹が空いているから）、互いの部屋を行き来しておしゃべりに興じた。ぼくの部屋は2階の一番端にあったので、見回りが来るのは最後だった。だから最終的にはいつもぼくの部屋にみんなが集まって、ぎりぎりまでしゃべっていた。

クラスが同じバルト［訳注：バルテルミーの愛称］とユーゴとは、すぐに徒党を組んだ。ぼくらはクラスのお調子者で、いつもつるんでいた。それでも一定の成績を維持する（スポーツ・エチュード・プログラムの修了要件でもあった）ために勉強もよくやった。ただし、授業はそれほど真剣に聞いていなかった。教室の後ろでこそこそと話をしたり、食堂でご飯の争奪戦を演じたり、水爆弾を投げ合ったり……。

しかし先生につかまるのが3度目ともなると、ついに放課後に居残りをさせられる羽目になった。コーチへ連絡しにいくこともままならず、おかげでその日の練習は無断欠席を余儀なくされた。そしてようやく居残りから解放され、中学校の門を出ると、今度は怒号が飛んできた。「ユーゴ！　テディ！　バルテルミー！　こっちへ来い！　いったい何があった!?」見ると道の反対側に、コーチのドミニクが怒りを露わに仁王立ちになっていた。ルーアン時代、ドミニクはまさに父親代わりだった。ぼくたちが悪さをしたときは遠慮なく叱りつけ、お仕置きとして何時間も居残り練習を課した。基本的にドミニクは、平和なときでさえ容赦なくしごくタイプだったのだけれど……。

『ロッキー』的なトレーニングとは無縁のまま数週間が過ぎたある日のこと。ドミニクがぼくを含む5、6人の生徒を道場の隅に呼んで、追加のトレーニングを行うと告げた。それからというもの、ぼくたちは通常の練習時間のあとも残って稽古させられ、休みの日にまで呼び出された。ドミニクは弱い生徒を集めてるんだ――そうぼくは決めつけていた。だからぼくは毎日のように道場の隅で追加の稽古に黙々と励んだ。そして「よし、終わりだ。行ってもいいぞ！」というドミニクの声を聞くやいなや、悪友たちのもとへすっ飛んでいくのだった。

それでもドミニクのことは嫌いになれなかった。厳しいだけでなく、ぼくたちのことを体を張って守ってくれたからだ。彼は、隣町の団地に住む若者連中とセンターの仲間との諍《いさか》いがエスカレートしたとき、いつも真っ先に仲裁に入ってくれた。ことの発端は、隣町の連中がぼくたちのことを「CRJSの奴ら」と呼び、ブルジョワぶっているとからかったことだった。以来、揉め事は日常茶飯事で、ときにはぼくたちの道場にまで持ち込まれた。隣町の連中は、ガラス張りになっている道場の外からぼくたちを冷やかし、ぼくたちが道場の外に出て追い払うまでやめなかった。

幸い、ぼくはほかの誰よりも大きくて一目置かれていたから、彼らがぼくにちょっかいを出してくることはなかった。もし呼び出されたとしても、ただ出ていって「何か用か？」と聞き、静かに話し合いをするつもりだった。ぼくはケンカが嫌いなので、いつも仲間、とくにユーゴをなだめる役に回った。ユーゴは小柄で痩せている（55キロ以下級）が、父親同様、並外れて気が強いのだ。怖いものなしとはまさに彼のことだ。ちょっとでもぶしつけな視線を感じると、すぐに「なんだよ？ 文句あんのかよ!?」と噛みつく。とくに、隣町の連中が20〜30人でやってきて「おーい、スポーツ野郎！ オカマ集団！」などと叫んで侮辱したときには、バルトとぼくがふたりがかりで引き留めなければならないほど怒り狂った。

対立は激しさを増す一方だった。それでも深刻な事態になりそうなときには、ドミニクが出てきて連中を追い払ってくれたのだが、あろうことか彼がいないときに厄介な事件が起きた。CRJSのひとりが、よりによって隣町のメンバーの妹にキスをし、それが連中にバレたのだ。このときはぼくも不在で、仲間がふたり、彼らからこっぴどく痛めつけられてしまった。

また、道で待ち伏せされるときもあった。下校時、ぼくたちの中に目を引くような奴や体調の悪い奴がいるときには、とても緊張した。しまいには放課後、危険がないかどうか窓から見張るまでになった。ぼくたちはまだ14歳、相手はもっと年上だった。ときには、ＣＲＪＳのディレクターまでもが大紛争の勃発を察知し、ドミニクに生徒たちを中学校の校門まで迎えにやらせるほどだった。ドミニクは、なんだかぼくたちのスーパーヒーローみたいだった。


週を追うごとにぼくは成長し、体つきもシャープになっていった。ドミニクの指導に従って筋力トレーニングもたっぷりやった。そんなある日、とうとうドミニクが指示した。「テディ、あっちの端へ行け！」そこは、シニア選手たちの練習スペースだった。実際、ぼくの年でこれほど大きな体の選手はほかにいなかったので、同年代の仲間と組んでの練習はできなくなっていた。とはいえ、年上で技術的にもずっと優れているシニアの胸を借りるのは、正直不安だった。それでも「やってみればわかるさ」と心の中でつぶやき、彼らのほうに歩いていった。

ぼくは、手加減してやれという指示を受けていたシニア選手に対して全力でぶつかっていった。だが当然、負ける。何日ものあいだ、ぼくは完全に打ちのめされっぱなしで、「打ち込み」（相手を投げるまでの過程の動作を繰り返す練習）のやり方をわかっていないとか、帯が胸のほうまでずり上がっているとか、シニア連中からさんざんからかわれた。ぼくはまったく取るに足らない存在になり下がってしまい、みじめな姿をさらし、ぼろぼろだった。

しかしぼくはへこたれなかった。それどころか、がぜん闘志に火がついたぼくは、基本から徹底的に鍛え直した。シニアを打ち負かすなんてまだ早い――それはよくわかっていた。でも次第に攻撃をかけられるままではなく、それを返せるようになった。畳の上に叩きつけられ、このまま伸びていたいと思うときでさえも、「バカにする気か？　それならこれがぼくの答えだ！」と言わんばかりに立ち上がり、再び相手に向かっていった。鼻っ柱が強かったから、痛みにも耐えられるようになった。

そしてやがて、よく考えながら動くようになった。まずは情報収集から。相手の動きをじっくりと見つめ、「ああ、この相手はこうされるのが嫌いなんだな……なるほど、こう持っていくと、あの技を封じ込めることができるんだな」などと実戦に役立つ情報を頭に叩き込んだ。

それから、練習で相手に体をひねってかわされたり、つかまれたり、投げられたりするたびに、同じ動きを真似してみた。効果的な動きを自分でも再現しようとしたのだ。そうして自分に合ったやり方を見つけたら、今度は自分から相手に仕掛けていった。この方法はうまくいった。ぼくが初めて自分で編み出した上達の術だ。これをきっかけに柔道を感覚的に理解し始め、大きな違いを生み出すちょっとしたコツを発見しだした。半年もすると、ぼくは反撃ができるようになった。ある週末、ぼくは実家に帰るとにっこりしてこう言った。「とうとうリベンジに成功したよ！」

このころにはシニア選手全員を負かすようになっていて、彼らは焦り始めていた。はんとうの意味でのライバル意識が芽生えたのだろう。なかでもカミーユは負けず嫌いで、何度もぼくにつかみかかり、絶対に離してくれなかった。そしてぼくが「一本」を取ると大声でわめく始末……。

一方で新しい仲間もできた。ルノーだ。彼はぼくを気に入ってくれて、弟分として面倒を見てくれた。彼のガールフレンドのバルバラ、通称バブーも柔道選手で、ぼくは彼女のことが大好きだった。でも、そう言ったらルノーにこう警告されてしまった。「お前、気をつけろよ。俺はしっかり見張ってるからな！」

気をつけると言えば、畳の上でも気をつけなければならなかった。シニア選手たちを相手に「元立ち」という練習を始めたからだ。これは次から次へと相手を変えて行う練習だ。再び、畳に投げつけられて痛い目にあう日々が始まった。でもぼくは、この練習を通して敏捷性を身につけ、やがて先輩たちに一撃をくらわせては、相手が立ち上がるまで不敵な笑みを浮かべて待つことができるようになった。

そうして数週間が経つころには、自分が格段の進歩を遂げていると実感するようになった。実際、競技会の個人戦では全勝したし、団体戦でも優勝した。今となってはわかる。ドミニクが入れ込んで徹底的に鍛えようとする選手は、最初からその可能性に目をつけているからなんだと。厳しく、カリスマ性と威厳を備えたドミニクは、試合のときは必ず選手に激《げき》を飛ばした。「離すな！　行け！　まだだ！　まだだ！」ぼくにはこれが必要だった。この声こそが、ぼくの背中を押してくれたのだ。ぼくたちの成果に満足しているときの彼は笑い上戸で、冗談もよく言ったが、そんなとき、ぼくは勝ててほんとうによかったと思ったものだ。

目に見えて柔道が上達していく一方で、実家から遠く離れたところでの暮らしには寂しさがつきまとった。とくに最初の数カ月は疲れ切っていたし、体のふしぶしが悲鳴を上げていたこともあって、家に帰りたくてたまらなかった。母も自分の〝ベビー〟と暮らせないのですごくしょんぼりしていた。

それでも週末はパリの実家に帰ることができたので、それを支えになんとか踏ん張った。

だが、家族団らんを楽しんだあとの日曜日の夕方は決まって憂鬱になった。また家族と離れてＣＲＪＳに戻らなければならない――。両親（週末ごとにルーアンとパリを２往復する羽目になった）の車の中で、家族全員が押し黙ったまま過ごす道のりは最悪だった。

でもぼくたちにはわかっていた。どんなに辛くても、その見返りはあるのだと。そして結果として、14歳のこの年は実り多かった。ぼくの年齢では月に２回しか試合に出られない決まりだったから、あらゆる大会に出場するわけにはいかなかったけれど、オルレアン、トゥール、ナントなど、各地で優勝を重ねていったのだ。ある新聞記者などは、ぼくについて「その名を覚えておくべき柔道選手の誕生だ。いつか話題になるに違いない」とまで書いてくれた。

さらにバルトとユーゴとぼくの３人衆は、中学の先生から目をかけられるようにもなった。彼らは試合を見にきてくれ、テレビや新聞を通してぼくたちの成績をフォローしてくれた（ルーアンの大会で優勝したときには、地元紙の第１面にも載った）。そして徐々に、ぼくたち柔道選手にはちょっとした特別待遇も与えられるようになった。前よりも真面目になったわけではなかったが、居残りの時間が少なくなったのだ。

ほかの生徒がぼくたちを見る目、とくに女の子たちからの視線も変化し始めた。ある日の放課後には、みんなが（何人かの先生も）ぼくを取り囲んでお祝いをしてくれた。「お前ってすごいな！　強いなぁ！」でもそのときのぼくは、自分がいつか全仏チャンピオンになるなどとは想像もしていなかった。

憂鬱な日曜日の夕方をクリアしてしまえば、ルーアンでの生活は快適だったし、練習して上達するのが楽しくて仕方なかった。もちろん王道なんてものはなく、努力を積まなければ結果は出せない。このころ、ＵＮＳＳ（Union Nationale du Sport Scolaire＝全国学校スポーツ連盟）選手権の決勝でぼくは負けてしまった。うなだれたまま試合会場の後ろに引っこみ、荷物をまとめていると、母がやってきて慰めてくれた。「たいしたことないわ。次はもっと強くなっているはずよ！」

母の言ったとおりだった。それから間もない4月7日、ちょうどぼくの15歳の誕生日、全仏カデ選手権で前回と同じ相手と再び決勝で対戦することになった。これを知った母は、父に耳打ちした。「今度は楽勝ね！　テディは同じ相手に2回負けたことがないもの」。父の顔に浮かんだ微笑みは試合後、さらに大きくなった。ぼくは「技あり」を2回取って勝利したのだ（投げ技で試合に勝つためには、〈1〉強さと〈2〉速さをもって、〈3〉相手の背中が畳に大きくつくように投げて決める、「一本」を取る必要がある。この3つの要素のうちふたつが該当している場合には「技あり」、ひとつだけの場合には「有効」とされる。「技あり」2回は「一本」に相当するが、「有効」は何回取っても「一本」にはならない）。こうしてぼくは15歳になったばかりで、なんとカデ部門の全仏チャンピオンの座についたのだった。

さらにうれしいおまけがあった。試合終了後、ナショナルチームのコーチであるステファヌ・トレノーがぼくのもとへやってきて、こう言ったのだ。「君をＩＮＳＥＰに迎えようと思っている」。そして自分の電話番号をぼくに渡しながら、「何か私に役に立てることがあれば、いつでも連絡してきてくれ」と付け加えた。ぼくは耳を疑った。ＩＮＳＥＰ——柔道の最高峰、エリート集団、ザ・トレーニングセンターだ！　15歳の誕生日のプレゼント、それはフランスナショナルチームで活躍する将来だった。

第5章

大人に交って

ステファヌ・トレノーがぼくに声をかけてきた翌日から、さっそくぼくの両親はINSEPのスタッフ全員と水面下でコンタクトを取り始めた。でもぼくには不安があった。父も母も、INSEPに入るにはぼくはまだ若すぎると考えていたからだ。どうやら、INSEPのメダリスト製造工場みたいな側面に疑問を抱いているらしかった。しかしぼくとしては、何がなんでもこの機会を逃したくなかった。

ぼくは年度初めに配布されたパンフレットを暗記するくらい読み込んでいた。トップレベル・スポーツ選手となるために必要な過程がピラミッド型で説明されていて、底辺はポール・エスポワール（2年間）。ここでベスト5に入れれば、その上に位置するポール・フランス（3年間）に参加できる。そしてピラミッドの頂点、スポーツ選手としての最高峰に君臨するのがINSEPだ。つまり、頂点まで来るには通常5年はかかる。それなのに、ステファヌは1年の経験しかないぼくに、INSEPに来いと誘ってくれたのだ。

ぼくの頭の中には、9月からINSEPに行くということしかなかった。とにかく父と母を説得しなければ——。ぼくは毎晩ふたりに泣きついた。「母さん、INSEPのこと、どうするの？ 父さん、お願い、ほんとうのところはどう思っているのか教えて。行ってもいいよね？」毎日こうしてふたりにしつこく絡みつつ、同時にステファヌにも（さりげなく）つきまとった。「で、いつINSEPに入れてもらえるんでしょうか？」でも答えはいつもこうだった。「まあ待ちなさい。まずは落ち着いて。悪いようにはしないから」

両親はこの件についてはとにかく尻込みしていて、とうとう週に1回、家族会議を開くことになった。わが家ではいつも重要な決定を下す前にこうしている。家族全員で集まってテーブルを囲み、自分の意見を述べるのだ。実は父も母もかなり早い段階でぼくがINSEPの書類選考に通過していたのを知っていたのだが、自分たち自身の心が決まるまで、ぼくには黙っておくことにしたのだそうだ。ぼくのケースは委員会の審議にかけるまでもなかったらしいが、それを知ったのはこの本を書き始めてからだ。父と母が白状するまでに、なんと8年もかかったというわけだ。

家族会議が始まってからの数カ月間というもの、母は悩み抜き、動悸が激しくなって10キロも痩せてしまったうえ、ついには不眠症にかかってしまった。「子どもをINSEPにやるのは、幼稚園に預けるのとはわけが違うわ。テディを今こんなふうに手放すなんて、できるわけない！　1メートル93もあったって、顔を見ればわかるでしょう？　まだまだ子どもなのよ！」母はこう繰り返し、そして嘆いた。「テディ、あなたは未成年で、まだ私たちの責任のもとにあるの。そうはいっても、あなたの人生とキャリアはあなたのもの……決められるわけがないわ！　ああ、どうしてこんなに苦しい選択をしなければならないの!?」父は父でこう言った。「ルーアンにもう1年だけ残るのはどうだろう？　この段階でＩＮＳＥＰに承諾の返事をしても、そのあとちゃんとやっていけないかもしれないし。ただ一度断ってしまったら、そのあとどうなるのかわからないけど……」。何事にも「そのあとは……」という心配がつきまとうけれど、ぼくはこれを聞くと興奮してぞくぞくしてしまう。

6月末、ルーアンのポール・エスポワールは夏休みに入った。新学期にまたここに戻ってくるかどうかは、まだわからない状況だった。そして7月半ば、ぼくたちは最後の家族会議を開いた。まず父が口を開いた。「今はまだちょっと手探り状態だけど、とりあえずやってみるか。テディ、お前はＩＮＳＥＰに入りたくて仕方がないんだよな？ お前にはそうするだけの実力がしっかりとある。誰にも引き留める資格はないよ」。やった！ 3カ月かかったけれど、ぼくの粘り勝ちだ！ ピラミッドの真ん中をすっ飛ばして、ついに頂点にたどりついたのだ。トップレベル・スポーツ選手の仲間入りだ！ あとは、家族がこの決定を悔やまないようにがんばるしかない——。

新学期に備えて身の回り品一式を買いそろえると、ぼくたち一家はバカンスをイエール〔訳注：南仏コート・ダジュールの街〕で過ごした。到着して数日後、ぼくは浜辺に舞台が設置されているのを発見した。そこでは曲当てクイズ選手権が開催されていた。流された曲の歌手名を最初に言い当てるゲームで、このときの優勝賞品は電話機だった。ぼくは音楽が大好きで、1日中「スカイロック」か「アド」〔訳注：ともにパリのラジオ局〕を聴いている。だから『スケーターボーイ』がかかった途端、思わず叫んでいた。「アヴリル・ラヴィーン！」すると司会者がぼくを舞台上に呼んでくれ、こう聞いた。

「アヴリル・ラヴィーン？　それともエイプリル・ラヴィーン？」

ぼくは突然自信がなくなり、ごまかした。

「えーと、アヴプリル・ラヴィーン……」

観客は大爆笑だ。

「いいでしょう！　自己紹介してくれるかな。名前は？　年はいくつ？」

「テディ・リネール。14歳です」

「それにしちゃあ、えらく大きいねえ！　何か運動をやってるの？」

「ええ、柔道を」

「そりゃあすごいや！　どこのクラブで？」

ぼくは胸を張り、世界中の人に報告した。

「9月からＩＮＳＥＰに入ります！」

実際にＩＮＳＥＰにやってきたのは8月の終わりだった。新学期が始まる少し前の週末に行われた研修に参加したからだ。ヴァンセンヌの森の中に30ヘクタール以上の敷地を有するＩＮＳＥＰの総合施設は、赤レンガ造りの兵舎のような建物で、関係者以外立ち入り禁止だった。サッカーやラグビーのグラウンド、バスケットボールのコートを通り過ぎた敷地の奥深くに、未成年者が寄宿する巨大な建物、Ｕ棟があった。さまざまな競技種目のジュニアクラスの選手が３００人以上もここで生活しており、２階が女子、３階が男子の寮になっている。建物は老朽化していてかなりボロボロで（その後、取り壊されて別の場所に移転した）、なんだか刑務所みたいな雰囲気だった。

寮の部屋もとても狭く、４人部屋を仕切りで半々に区切って、ふたりでそのひとつを使うようになっていた。ぼくはこの空間を赤毛の水泳選手、グザヴィエとシェアすることになったが、ぼくたちは毎晩、こんな感じでひと言ふた言交わすだけだった。

「どう、調子は？」

「ふつう……。で、そっちはどう？」

「まあまあだよ」

施設全体が巨大なのに比べて、部屋がひどく狭いのが驚きだった。なにせふたり分のベッドがやっと入るくらいの広さしかないのだ。ベッドの台は木ではなくて作りつけのコンクリートで、その上にマットレスが置いてあった。そのほかの家具は棚と、これも壁に作りつけの小さな机だけだ。あまりに窮屈でみすぼらしいので、取材で部屋を撮影したいと希望されても断ったほどだ。唯一のまともなスペースは、入り口わきにある洗面所だけ。洗面台は4つもあり、ひとりひとつずつ使えた。また食堂もU棟にはなく、10分ほど歩いていかなければならなかった。

稽古場にはルーアンの道場のほぼ2倍の人数がいた。もちろん知り合いは誰もいない。でもその代わり、フレデリック・ドモンフォコンやシリル・ソワイエなどの有名な柔道家、つまりぼくがいつもテレビで見ていたような選手がいた。

初日は何をすればよいのかも、どこに行けばよいのかもわからなかったので、とりあえず、ひとりひとりに敬意を表すつもりで挨拶をして回ることにした。ただ選手は70人もいる。そこで相手の邪魔になろうがおかまいなしにとにかく「おはようございます！　おはようございます！」と声をかけ続けた。だがみんなから返ってきたのは、「誰だこいつ？　ガキが何しにきたんだ？」という視線……。普通は、その場にいる人全員にまとめてひと言挨拶すればすむ話だから、それも仕方なかった。挨拶をして行儀のよさを見せておけばよし、という母の教えを守ったつもりだったが、そのときばかりは自分の滑稽《こっけい》さを自覚し、そして自分がいかにちっぽけな存在であるかを改めて認識した。

そのあと間もなくふたりのコーチ、ブノワ・カンパルグとフランク・シャンビィが道場に入ってきた。彼らは若くてフレンドリーではあったが、要求レベルは高かった。彼らと初めて会ったその日、ふたりはぼくが安全に稽古できるよう気遣ってくれた。トップレベル・スポーツ選手のシニアメンバーともなると、ぼくより10歳は年上の全国トップレベルの選手ばかりで、そんな相手とまともに組んだらぼくが怪我をする恐れがあったからだ。具体的には、シニア選手の胸を借りての稽古が始まる前、ぼくに黒帯の上から赤い標識ひもを締めさせ、相手には「まだ子どもなんだから気をつけてやれよ」と念押ししてくれた。

そうして準備が整うと、フランクはぼくにこう言った。「今から稽古を始める。君のレベルを知りたいからいろいろ見せてくれ」。それから練習メニューを説明し、今からやろうとしている乱取りのやり方を詳しく教えてくれた。その説明を聞いているとき、周りからは「おい、気をつけてやれよ。赤ずきんならぬ赤ひもちゃんなんだからな」という声が飛んだ。体だけは大きかったものの、シニア選手からしてみればぼくなどはからかいの対象でしかなかったのだろう。だがそれが、かえってぼくを炊きつけた。ほんとうの実力を見せてやる――。

最初の乱取りからぼくは「大内刈り」（相手のふところに入って内側から足を刈り、後ろ側へ倒す技）をかけた。するとそれが、ものの見事に決まった。今度は相手のほうが周囲にからかわれる番だった。「おい、チビに一杯食わされるなよ！」相手のシニア選手は立ち上がって、再びぼくをつかもうとした。周囲にはいつしか人だかりができていた。コーチたちもこちらを注視しているのに気づいたぼくは、同じ技をもう一度繰り出し、そして決めた。相手はまた立ち上がったものの、同じことの繰り返しだった。

こうして初日からみんなの注目を浴びたぼくだが、うぬぼれる気になどなれなかった。ぼくはただ一番年少なだけで、日々、ここのレベルに達するには道のりはまだまだ遠いと実感させられたからだ。その証拠に、同じ階級の選手と対戦すると必ず打ちのめされた。なぜ彼らにはいつも負けてしまうんだろう？ 数週間悩み続けたぼくは、いろいろと試してみることにした。動き回ってみたり、もっと速く動いてみたり……。だが、どれも試行錯誤に終わった。

一方で、注目を集めていたぼくへの周囲からの期待は大きかった。寝技乱取り（ぼくはこれが苦手だった。アランの講義をもっとまじめに聞いておくべきだったのだ）のとき、コーチはいつも最強の選手を連れてきた。でも立ち技乱取りのときには、ぼくは自ら一番強い相手を選んだ。続けて15人を相手にしたこともある。これだけの稽古が功を奏さないわけがない。半年後、ついにぼくはシニアの選手を倒せるようになり、〝赤ひもちゃん〟から卒業することができた。ぼくは小躍りして喜んだ。そして自分を主張できるようになり、だんだんに居心地もよくなってきた。もちろん、別のシニア選手たちにやっつけられることがなくなったわけではないけれど……。

　ポール・エスポワールではドミニクに勝ちへの執着を叩き込まれ、ここＩＮＳＥＰでは不屈の精神を学んだ。毎日、シニア選手との稽古、筋トレ、腕立て伏せ、筋持久力トレーニングを繰り返し、へとへとになった。それにぼくは相変わらず口達者なほうだったので、「おやおや、チビちゃん上手だね！」などとからかわれると言い返さずにはいられず、それがきっかけでシニア選手との元立ち稽古をたびたび招いた。ルーアン時代にシニアに痛い目にあわされた、あの稽古だ。６、７人が次々にぼくに向かってくるので、減らず口を叩く間もなく、とにかく戦わなければならない。でもおかげで、精神力を鋼のごとく鍛え上げてもらった。

　また、柔道選手という人種は、畳の上以外の場所でもしごきにあう。ＩＮＳＥＰでは、運動療法士から受けたしごきが最悪だった。ぼくが「空気椅子」（筋トレの一種。背中を壁につけ、両足を90度に折り曲げて、その姿勢のまま普通は30～45秒静止する）を一番苦手にしていることを知って、30分、いや1時間もみんなの前でやらされた。汗でびっしょりになり、体を震わせているぼくを取り囲んで、みんなが「おい、見てみろよ！　そのうち降参するぜ」などと面白がって言っているのが聞こえる。その声に負けじとぼくはなんとか最後まで粘ったが、まさに地獄だった。

着実に成果を上げているぼくを、おそらく少し妬《ねた》んでいたのだろう、乱取り稽古のたびに本気で向かってくるシニア選手が何人かいた。ぼくがまだ下のカテゴリーの選手であるのもおかまいなしに、まるでほんとうの試合のように戦いを挑んでくるのだ。コーチ陣は、これもぼくのレベルアップに役立つと考えて（間違ってはいない）、彼らには好きなようにやらせていた。しかしこれは、本格的なケンカに巻き込まれたも同然で、当然怪我のリスクもあった。そしてそれは実際に起こってしまった。ウィーンで開催されるヨーロッパカデ柔道選手権大会が2日後に迫っていたときのことだ。

普通なら試合を直前に控えた選手は体を休めるものだけれど、その日、ぼくはコーチから何の制限もされなかったので自由に練習していた。しかもぼくは、やはり試合を控えていた同じ階級のシニア選手と、かなり激しく渡り合った。その最中、肩の骨を折ってしまったのだ。あまりの痛みに意識がもうろうとした。診断結果は、第2度の肩峰骨《けんぽう》折。人生で初めての大怪我だったが、その代償はあまりにも大きかった。当然ながらヨーロッパ選手権には出場できず、しかも数カ月は実戦に戻れないというのだ。それを知ったぼくは愕然とし、今までにないくらい激しく落ち込んだ。

一方、母は母で激怒していた。歯に衣着せぬ彼女はコーチを仰天させかねない勢いでまくしたてた。「まだ年端《としは》もいかない息子を預けたのに、面倒を見てくれるというのは嘘だったんですか⁉　怪我をさせるなんて！　無責任にもほどがありますよ！」この場に父がいなければ、母はきっとコーチの首を絞めていたに違いない。

15歳でぼくがINSEPに入るにあたって両親が出した条件は、母がいつなんどきでも訪ねてきよい、というものだった。2年間、彼女は実にまめにやってきた。「テディは私の息子です。あなた方の子ではありません」。コーチたちにはいつもこう念を押していた。「息子を信頼していますが、私には監護権があります。この権利はずっと行使するつもりです！」

母は勤務先の保育園の同僚を抱き込んで、職場とINSEPを行ったり来たりできるようになると、週に3回、午後の練習時間にぼくに会いにきた。彼女は決まって予告なしに道場に現れた。そして畳の上で何が起きているのか子細に観察し、気にかかることがあったら話し合いの場を設けるようコーチに要請した。また、ぼくと一緒に夕食を楽しむこともしょっちゅうだった。

これほど頻繁に会いにくる母親はほかにいなかった。いつでも母が見守っていてくれると思うと心強かったし、とてもうれしいことではあったけれど、ほかの選手たちの視線も気になった。赤ちゃん扱いされるのは嫌だ——そう訴えたら、母はこう答えた。「他人が思いたいようにさせておきなさい。私たちには関係ないんだから。母さんはこれからも来ます。見ていなさい、これがテディの未来の力になるのよ！」ぼくは逆らわなかった。母はいつだって正しい。彼女の存在こそぼくの強みだった。母さんがいつも見張っていてくれるおかげで、誰もぼくに手出しはできない。母さんがいれば、ぼくはエリート養成システムに押しつぶされないですむ——。

このころにはぼくにも、トップレベル・スポーツの世界の全体像がつかめてきた。この世界では、若者が限界まで追いつめられる。精神的打撃に耐えられるくらいタフな子もたまにはいるが、残念なことにほとんどの選手が、途中で息切れしてリタイアしてしまう。ここでの数年間、ぼくの友だちもその多くが競技生活をあきらめ、成績を残せた者はごく少数だった。

ＩＮＳＥＰでは、ルーアンのポール・エスポワールにいるときよりは自由な気分になれた（悪知恵を働かせれば、けっこうやりたい放題だった）が、規律全般で言えばこちらのほうが厳しかった。たとえば、就寝時間はルーアンよりも遅いけれど、22時を回ると、部屋で物音を立てただけで各階の監督官に厳しく罰され、1階の入り口がすべて施錠されてしまう。朝は7時に全員で朝食をとる決まりで、もしその時間にいなければ、コーチがすぐに電話してくる。「どうした？　もう9分も待ってるんだぞ」

ＩＮＳＥＰには、第3学年［訳注：中学4年目。日本の中学3年生の年齢］の生徒は7人しかいなかった。体操選手のマリオン、サボりの天才で才能豊かなテニスプレイヤーのジェレミー、それからバスケ選手が3人、スカッシュ選手がひとり、そしてぼくだ。勉強は通信教育で行い、さらに週に2回、夕方に監督官付きの自習時間が設けられていた。だいたい20〜25人の生徒が集まるが、ルーアン時代とは打って変わって教室はしんと静まり返っていた。ここでは勉強に集中するのが賢明だった。さもないと監督官に話を聞いたＩＮＳＥＰのディレクターから、翌日呼び出しをくらう羽目になるからだ。

ＩＮＳＥＰでぼくたちの世話をしてくれたのは、教育課程の責任者であるポーレット・フイエという女性だ。彼女は四六時中ぼくたちの面倒を見てくれ、まさに母親代わりと言っていい存在だった。そんな彼女は両親とコーチ陣とのあいだに立ち、何かあれば双方にすぐに連絡をとってくれた。

ぼくの得意科目は、フランス語、歴史・地理、英語。勉強は苦にならなかったけれど、数学だけは例外だった。第6学年［訳注：中学1年目。日本の小学6年生の年齢］のとき、数学の点数は平均して20点満点中15点だったのに、ぼくの数学的頭脳は徐々に干からびていき、高校になると手の施しようがなくなってきた。最終学年ではあまりにひどい成績だったので、教師は1分野だけに絞ってぼくに勉強させた。そしてバカロレア［訳注：フランスの高校卒業及び大学入学資格］の試験当日、ありえないような幸運が訪れた。なんとその分野から出題されたのだ。数学の配点は4点。ぼくは4点満点を取ってしまったのだった。

スポーツ・エチュード・プログラムに在籍しても、そこそこまともな学業成績を収め、ぼくみたいに（合格すれすれで）バカロレアを取得するのは可能だ。でも、ある分野を最高レベルまで極めようとすれば、ほかはすべてあきらめるべきだとぼくは思う。すべての面において優れた人間など存在しない。選択をしなければならない日がいつかは訪れる。そしてぼくは柔道を選んだ。

ぼくがバカロレアを取得したのは、ぼく自身欲しかったこともあるが、それより両親が強く望んでいたことが大きい（とくに父は柔道よりも学業を優先させたがっていた）。だから高校の最終学年に進んだとき、ぼくはさっさとバカロレアを片づけてしまおうと考え、1カ月間柔道の練習を休んで部屋にこもって勉強した。そうして、コンピュータ情報処理のバカロレアを平均11点強の成績で取得した。それでも「可」しか取れなかったのは、成績表に「規則を守れていない」「私語が多い」などの評価が多すぎたからだと聞いた。これればかりは悔やまれる。もっと早く気づいていればよかった……。

もちろん、授業に行くのが面倒くさいことだってあった。とくにINSEPでの生活も数カ月を過ぎ、目が覚めても前日の練習の疲れが取れていないときがそうだった。そんなときはティーンなら誰でも使う手がある。医者のところに行き、こう訴えるのだ。

「お腹が痛いんです。吐き気もするし……」

「便通は？」

「下痢っぽいんです」

「ま、ちょっとした消化不良だね」

これが定番の診断だ。絶対に「深刻な消化不良」とは言われない。

「薬を出しておくからね。あとは寝ていなさい」

ぼくたちが聞き入れるのは「寝ていなさい」の部分だけ。こうして意気揚々と部屋に戻り、薬はしまい込んで11時までベッドでひと休みというわけだ。そして奇跡的な回復力で、11時15分から始まる練習に出る。


ＩＮＳＥＰでは、暇さえあれば気の合う仲間たちと過ごした。バスケの選手ひとりに、フェンシング選手3人、空手選手ふたり、ボクシング選手もふたり（そのうちのひとり、アルドリックとは部屋が一緒になった）、それからウォーターポロ選手のメディ。競技種目の違う選手とはつるまないのが普通だから、これは珍しいことだった。でも少しのあいだ柔道を忘れて、ふだんなら縁のない顔ぶれの中に身を置き、ぜんぜん違う話題を楽しみ、異なる考え方を発見するのがぼくには心地よかった。

この男ばかりの小さな一団の中で、ぼくを含めても未成年者は少なく、年上の仲間がほとんどだったけれど、年の差なんてまったく気にならなかった。日がな一日、大人――シニア選手にしろコーチにしろ――とばかり付き合っていたせいで、ぼくの精神年齢は高めだったのかもしれない。どちらにしても、同世代の奴らとは物の見方がぜんぜん違うと感じていた。彼らと話していると、自分が3倍くらい老け込んでいるような気がした。子どもたちに交じって爺さんがひとりいるみたいな……。

仲間たちとは、食事のときもみんなで同じテーブルを囲んで食べた（前に話したように食堂はぼくの寮から離れていたので、食事時間に遅れないようにいつも敷地内でヒッチハイクをしながら行った）。ぼくたちは一緒に笑い、しゃべり、励まし合い、バスケをし、誰かの試合があるときには応援に行った。彼らとは全員、互いにニックネームを付け合った。「コーキー」「スーク」「スフィンクス」「アベレー」……。ぼくはもちろん「ベア」だ。

「ドリーッコ」（本名アルドリック）と「ミモ」（本名イメッド）のボクサーふたりが減量しなければならないときには、みんなでぼくたちの部屋に集まって、発汗のためにサウナスーツを着たふたりとぼくが取っ組み合った。この減量プレイには笑い死ぬかと思ったが、ふたりもたっぷりと汗をかいて満足気だった。

夜になると、プレイステーションで遊ぶのがぼくたちの最高の楽しみだった。でもぼくにはまず無理な話だった。未成年者のぼくが寄宿するU棟の消灯時間は22時だったからだ。そこで年上の仲間たちがこんな一計を案じてくれた。ぼくの寮まで車でやってきて、建物の前に車をつけたらライトをすべて消し、トランクを開けておく。ぼくは、消灯時間になり監督官が自室の前を通り過ぎたら、こっそり部屋を抜け出して玄関のドアの鍵がかかる前に建物から飛び出し、待っている車のトランクに飛び込んでフタを閉める。それを合図に仲間がそっと車を発進させ、来た道を戻る。そうしてみんなが集まってプレイステーションで遊んでいる別棟にぼくを連れていってくれるというわけだ。

ただ、ぼくはせっかく仲間のところに着いても、すぐに眠くなるのが常だった。けれどもU棟にはもう戻れない。というわけでぼくはいつも、23時になるとその場にどさりと倒れ込み、満ち足りた顔をしたまま眠り込んでしまうのだった。周囲でどんな騒ぎになっていようと、もう何も聞こえない。ゲームなんかしなくても、みんなと一緒にいられるだけで幸せだった。翌朝は、授業に必要なものを部屋に取りにいくだけ。誰にも気づかれることはなかった。ぼくが初めてパリのシャンゼリゼ通りにあるクラブに連れていってもらい、夜通し遊んだのも、この〝トランク作戦〟によってだった。15歳のときことだ。

ルーアン時代と違って、週末を実家で過ごして日曜日になると、ＩＮＳＥＰに戻れるのが楽しみでならなかった。数日離れていただけで、もう仲間たちに会いたくてたまらない。ヴァンセンヌでの生活は、厳しい規律と訓練、それに両肩にのしかかるプレッシャーがあったけれど、彼らとの付き合いのおかげでずいぶんと気持ちが楽になった。

ＩＮＳＥＰに入ってから2年経ったころ、まさに自分の柔道が変わるきっかけがあった。17歳になっていたぼくは、全仏シニア柔道選手権の決勝まで駒を進めたが、フランス・チャンピオンのマチュー・バタイユに負けを喫した。その数日後、コーチのひとり、ステファヌ・フレモンと腰を据えて話し合った。「テディが勝てなかったのは、動きが少なすぎるからだ。もっと手を使え！　そうだ、こうしてみたらどうだろうか？」そう言ってステファヌはさまざまな方法を伝授してくれた。そしてそのすぐあとの練習で彼からもらったアドバイスを実際に試してみたところ、何かとてつもなく重要な段階へ足を踏み入れているという実感があった。その結果、迷いが消え、自分の柔道に自信が持てるようになったのだ。

それから間もなく、パリでフランス国際柔道大会［訳注：現在のグランドスラム・パリ］が開催された。世界でもっとも権威のある大会のひとつだ。ぼくは3位に終わったが、マチューとの再戦では雪辱を果たすことができた。ついに無差別級〔訳注：体重に制限なく出場できる種目〕の世界チャンピオンに勝つことができたのだ！　さらに翌年、18歳になったばかりのときには、ヨーロッパ選手権と世界選手権に出場し、ともに100キロ超級で優勝を飾ることができた。すると、マスコミやスポンサーが本気でぼくのことを追いかけ始めた。「将来を嘱望される活躍を見せたフランスの若手競技選手」として、フランス・スポーツアカデミーからも賞を受けた。期待を裏切らないように邁進しよう――そうぼくは固く誓った。

第6章

勝つための儀式

何回このジョークをやりとりしたことか。

「でかいなあ……。何を食べたらそんなに大きくなれるんだ？」

「1日に冷蔵庫1台分かな」

ぼくの体に合うサイズの服や靴を売っている店はそうそうなかった。なにせ靴のサイズは30・5センチ。しかもついちょっと前に、かかりつけの足専門医から、この大きな体を支えるには靴の底張りを特別にあつらえなきゃダメだ、でないといずれ体にガタがくると告知されてしまった。彼はそう言うと、ぼくを専門の職人のところにスクーターで連れていってくれた。パリの道路はいつも渋滞しているので、移動するときにはバイクを使うのが一番なのだ。

ぼくを後ろに乗せたスクーターはスムーズに走っていた。ところが角を曲がったとき、突然、どこからか車が飛び出してきて、ぼくたちめがけて突っ込んできた。ぼくは全身をこわばらせたまま、目を大きく見開いてその車を凝視し、「やばい！　死ぬ!!」と叫んだ。息を詰めて死の瞬間が訪れるのを待った。こんな事故のせいで、ふたりの人間の築き上げてきたキャリアが、人生が、一瞬にして無になってしまう――。しかし次の瞬間、車は止まった。ぼくたちが乗ったスクーターから10センチも離れていないところで。

ぼくも移動にはバイクをよく利用していたが、この一件以来、バイクに乗るのをやめた。

万が一のことを考えれば渋滞に巻き込まれたほうがはるかにましだ。この体こそ、ぼくの〝武器〟なのだから。この武器を破壊しかねない出来事は少し前にもあった。CMの撮影をしていたときのことだ。休憩時間になり、ぼくは椅子に腰を下ろそうとした。すると椅子にはむき出しのカッターナイフが置いてあった。あやうくその上に座るところだった。ナイフを取りにきた撮影技師に、ぼくは嫌味をぶつけた。「おい、なんか揉め事を起こしたいみたいだな?」

ぼくの武器は、もうひとつある。柔道衣――オーダーメイドで、ぼくの体型に合わせて微調整を重ね、然るべき方法で洗いをかけてから乾燥させた道衣だ。柔道衣をこの特別な洗い方で仕上げると手触りが粗くなり、武装が完璧になる。対戦相手の指から爪を引っこ抜いてしまえそうなくらいざらざらなのだ。

しかしこの道衣に関しても、困った事態になったことがあった。去年(2011年)、ワールドマスターズ[訳注:オリンピック、世界柔道選手権大会に次ぐ大会]が開催されるアゼルバイジャンの首都バクーの空港に降り立ったら、柔道衣を入れたスーツケースがどこかに行ってしまったというのだ。大会は2日後。もちろん借りることもできたが、それではダメだ。柔らかすぎる。この〝ふわふわ道衣〟で勝負すると、対戦相手にいとも簡単につかまれて、払うことさえできない。マスターズでそんな危険を冒すことはできず、これ以上のストレスといったらなかった。

結局、ぼくのスーツケースは1日半後、つまり試合が始まる数時間前に戻ってきたが（パソコンは盗まれていた）、ぼくはすでにパリから代わりの荷物を届けてもらっていた。母にすぐに空港から電話して、旅支度一式をもうひとつ作って送ってもらったのだ。こうしてぼくはストレスから解放され、マスターズで優勝することができたのだった。

ぼくの柔道衣を取り扱っていいのは母だけ。彼女はまさに柔道衣の女神だ。パリから遠く離れた場所での試合であっても、この道衣を着ていると少しだけ母が一緒にいてくれる感じがする。遠征用のスーツケースを用意してくれるのも母だ。パッキングもものすごく速くて、ものの2、3分で終えてしまうけれど、そこには愛情がたっぷり詰まっている。母が用意してくれたというだけで、ぼくは安心して試合に臨むことができる。

もちろん母は、遠征時の必需品もしっかり把握している。お守りの帯、水と炭酸水のボトル各1本、そしてパワーエイド［訳注：エナジー系スポーツ炭酸飲料］のボトルと果物のコンポートの瓶とシリアルバーは多めに。現地で調達できるかどうかわからないものが中心だ。それから、アメの袋も忘れちゃいけない。ふだんはアメなんてめったに食べないけれど、いつも持ち歩いている。ストレスが高まっているときに食べると、気持ちが軽くなるからだ。これは何年か前に心理カウンセラーと一緒に編み出した方法だ。

このカウンセラーからは、ＩＮＳＥＰに入ってすぐのころからいろいろ学んできた。でも最初のカウンセリングは、ひどく居心地の悪いものだった。彼女のオフィスに入るなり、ぼくはこう言い放った。「ぼくの頭、おかしくなんかないですよ！」すると彼女は「話したいのはそういう問題じゃないのよ」と笑って答え、どうやってぼくをサポートしていくつもりなのかを説明してくれた。心の仕組みを知ってそれを律していくことで、プレッシャーとうまく付き合い、緊張などであがらないようになり、トップレベル・スポーツの世界の、あまりに厳しく、ときには残酷でさえある側面をうまく生き延びていけるようになるのだと。

ある日、彼女が「好きなこと、やると気分がよくなることを書き出してみて」と言った。そうしてみると、自分が何を必要としているのか、何があれば安心し、試合にも落ち着いて臨めるのか、よくわかった。ぼくにとって何より大切なのは音楽だ。ＭＰ３（電池切れに備えてパソコンもいつもバッグに入っている）のおかげで、プレッシャーから解放され、なすべきことに集中し、自分だけの世界に入れる。

音楽はあらゆるジャンルを聴く。Ｒ＆Ｂ、ヒップホップ、レゲエ、ズーク、フレンチポップス……。ただし、大会に備えた練習が始まると、気分を高揚させてくれる曲が手離せなくなる場合が多い。そして試合が終わるまでずっと、同じ曲を何度も何度も聴く。試合の前日から、試合場の畳に上がるぎりぎりまでヘッドフォンはつけっぱなしだ。そうすれば最後まで自分の殻の中に閉じこもっていられるからだ（でもときどき、スタッフや撮影班がヘッドフォンを早めに外すよう促してくる。この姿はあまりメディアに露出させたくないらしい）。

ぼくの生活は、当然ながら柔道を中心に回っている。ルーアンのポール・エスポワールに入って以来、柔道に人生のすべてを捧げてきた。ポール・エスポワールでは、もっぱら学業と柔道、とくに後者のことを考えていればいいように何もかもがお膳立てされていた。ぼくは小さいころからデスクワークに向いていないと自覚していたから、トップレベル・スポーツ選手になるチャンスが巡ってきたとき、自分にとっての転機だととらえて決して逃しはしなかった。そして自己に打ち勝ち、夢を実現し、なりたい人間になるためにここにいる、という心構えで毎回畳に上がった。もちろんそれは、ほんとうにストイックな鍛錬を毎日欠かさずに行って、やっと得られるものなのだけれど。

そんなわけで、ぼくはかなり早いうちから柔道に専念できる環境をしっかりと整えてきた（母は日常のこまごました側面を、父と弁護士のデルフィーヌ・ヴェルエデンは契約とイメージ管理などのマネジメントを担当してくれている）。また頂点に立とうとするからには、厳しい自己管理も重要だ。ぼくは相変わらず音楽が好きな子どものままで、いつだって悪ふざけをしたくてたまらない。でもぼくの生活は、パーティーを楽しんだりする時間――あっという間に終わる――と、ストイックに練習する時間――だいぶ長い――にきちんと分けられている。遊びと練習を両立させようとしている仲間もいるが、そんなのは絶対に不可能だ。15歳のとき、INSEPの寮をこっそり抜け出してクラブに行った夜だって、休みの前日だった。さもなければ夜間外出なんてありえない。

今（2012年）の生活は、毎日5時間の練習と勉学を両立させるべく、日々時間との闘いだ。ぼくはシアンスポ［訳注：パリ政治学院］の特別課程に入学し、20数名のトップレベル・スポーツ選手と一緒に学んでいる。肉体だけではなく頭脳も鍛え、あらゆる事象を詳しく分析してみたいと考えてのことだ。また、将来のこともある。父には何度もこう言い聞かされてきた。「チャンピオンというのは、人生そのものでも職業でもない。よい人間になることこそが何よりも大切なんだ。生き甲斐を追求するのも必要だけど、同時にそのあとのことも考えなければいけないよ」。それに将来子どもを授かったら、博識な父親でありたい。

そんな思いを胸にぼくはほぼ毎日シアンスポに通い、歴史、方法論、経済学、時事問題に関する講義などに出席している。そのため、スケジュール調整に工夫が必要だ。典型的な1日は、朝7時からの父とのミーティングで始まる。このときに契約やインタビューの申し込みなどについて検討する。それから学校に行き、8時から9時半まで授業を受ける。

そのあとは10時からのルヴァロワ［訳注：現在所属しているルヴァロワ・スポーティング・クラブ］での練習か、10時45分からのINSEPでの練習に駆けつける。練習が終わったら急いでシャワーを浴び、車に飛び乗って13時15分から始まる授業に出るために再び学校に戻る。

だから昼食は抜かざるをえないときもある。ファストフードかギリシャサンドイッチなら簡単にとれるのだろうけど、これらは多くても週1回にしている。太りたくないからではなく（練習でかなり消耗するから）、健康的な食事を心がけるに越したことはないからだ。そこでいろいろな種類の肉を食べ、炭水化物と野菜も必ずとるようにしている。一方、ソフトドリンクは1日1回だけ。

午後の授業に出たあと、16時30分から筋トレがある場合には、またもや大急ぎで駆けつける。一方、稽古の日は17時か18時に行けばいいから、少しは時間の余裕ができる。だたしそこからまた2、3時間の練習が待っている。それでもぼくはまだまだ元気いっぱいだ。そんなぼくの姿を見て、周囲のみんなは信じられないという顔をする。

柔道選手はみな2、3カ月の集中練習を経て試合を戦ったあと、通常は1週間の休暇を取る。つまり1年で3、4週間のバカンスがあるというわけだ。でも、誰もが自由にバカンスを取れるわけではない。それにはコーチの許可が必要だからだ。結果を出せなかった選手は、たった1日の休暇をもらうのにさえ苦労したりする。

幸いぼくは、先日の試合には完璧なコンディションで臨むことができたので、そのあと10日間の休暇をもらえた。そんなときはいつも朝一番の飛行機に乗ってグアドループに飛ぶ。とくに大きな大会が終わると行かずにはいられない。生まれ故郷は居心地のよい場所で、太陽の光、海、音楽を味わい尽くす。ジェットスキーや船遊びを楽しみ、泳ぎまくる。コロンボ〔訳注：カリブ海上にあるアンティル諸島の料理〕やカラルー〔訳注：青菜の一種〕をはじめとする、さまざまな郷土料理に舌鼓《したつづみ》を打つ。この島に来たとき限定のお楽しみメニューだ。

グアドループの人々は、ぼくの活躍をすごく楽しみにしてくれていて、市場に行くとあちこちから声がかかる。「テディ、これを持っていきな！　取っといてくれよ！」まさに贈り物攻めだ。そういったわけで家路につくころには、オマールエビ3匹、何本ものラム酒のボトル、たくさんのコーヒーや果物が入った袋などを両脇に抱えていることになる。数日後には、ぼくの部屋はプレゼントでいっぱいになり、机の上も名刺で覆い尽くされてしまうほどだ。

グアドループの人々は感じがよく、温かく、開けっぴろげだ。そしてパーティーを何よりも愛している。クリスマスが2週間も続く場所は、世界中でここしかないだろう。通夜でさえ陽気に執り行われる。もちろん音楽はかからないけれど、アルコールと食事がいくらでもふるまわれ、故人の知り合いがひとり残らず出席する。そうしてともに時間を過ごせることを喜び、冗談さえ言いながらおしゃべりを楽しみ、古きよき時代を懐かしみ、故人をしのぶのだ。

とはいえ初めて通夜に出席したときには、ぼくは面食らってしまった。あれは父方の祖母の通夜だった。涙に暮れているぼくの周りで参列した人々が笑いさざめき、翌日未明になってもまだおしゃべりを続けている。おばたちが片づけ始めようとしても、みんな帰ろうとはしなかった。そこでようやくぼくは気づいた。眠らずに家族や知人みんなで過ごすこの長い夜こそが、祖母に対する最高の見送りなのだと。このようにグアドループでは、すべてが強烈で、濃い味わいの毎日を過ごせるのだった。

そんなバカンスを過ごすと、すっかりリフレッシュできた。羽目を外しすぎなければ、体もひどくなまるほどではない。そもそも試合が年間を通し分散して開催されるので、のんびり体力の回復に努める時間的余裕などないのだが。世界選手権、マスターズ、グランドスラム［訳注：パリ、東京、チュメニ、バクー、アブダビの各都市で開催される世界大会］と大会が目白押しなうえに、前年度の成績をポイントで換算して作成される「ランキングリスト」（ある試合に出場すると1ポイント、1回勝つと5ポイントといった具合に加算されていく）もある。ぼくは今のところ1000ポイントと少しで、約700人の選手のうちトップに立っている。出場したすべての大会で優勝してきたからだ。でも少しのあいだでも試合に出なければ、ぼくのあとに続く選手たちにトップの座をすぐに奪われてしまう。だから油断は禁物だと自戒している。実際、大きな大会で勝ち続けて、あっという間にポイントを稼ぐ選手もいる。

ぼくのライバルのほとんどは、ぼくよりも5歳から8歳も年上だ。ぼくという選手について――ぼくの今までのキャリアや年の若さについて――彼らがどう思っているかは知らない。彼らとは距離感を保っているからだ。ぼくは声もかけないし、ほとんど見もしない。つねに誇り高くあるために、こうした態度をとると決めて以来、どんな選手に対しても例外はない。長年ファンだった選手であっても同じだ。

たとえば、井上康生。100キロ以下級で2000年のシドニー・オリンピックで金メダルを取り、1999年から世界選手権3連覇を果たした一流選手だ。ぼくは彼を2回破った〔訳注：2007年の世界選手権と翌年のフランス国際にて〕ことがあり、そのときはほんとうに誇らしかったけれど、互いに言葉を交わしたことは一度もない。試合の前はもちろん、試合のあともだ。ライバルとのあいだにはただ沈黙があるのみ。

だから、北京オリンピックの表彰台でぼくが石井慧にささやいた「次回はぜひ！」（第1章参照）は、例外中の例外だ。当時、石井は最大のライバルだった。大会で戦う機会はなかったのだが、国際合宿で練習をともにする機会があれば、互いに猛獣のように戦った。

畳の上ではぼくと同様、石井も好戦的で、コーチ陣から「待て！」（試合をいったん中止するときに審判がかける言葉）がかかっても聞かず、ぼくたちは精根尽き果てるまで組み合った。

さらにフランス北東部のウルガットで行われた合宿では、石井がガラス窓を突き破ったことさえある。組み稽古でぼくが技をかけ、彼が巧みにそれをかわしている最中の出来事だった。ガラスが割れる音がして、周りを見るとガラスの破片があたりに散らばっている。そして石井に目をやると、彼は血まみれになった自分の手を見つめていた。こんなことになる前にやめるべきだったのだ……。だがふたりとも、この戦いで絶対に勝ちを譲るわけにはいかないと燃えていた。だから石井はただ包帯を巻いただけで戻ってきて、再度戦いを挑んできた。

ぼくからの「次回はぜひ！」という挑戦に、石井は次のオリンピックで応えてくれるはずだった。ところが彼は北京オリンピックのすぐあとに柔道をやめて、総合格闘家に転身してしまった。実はぼくは、石井から総合格闘技のリングで戦わないかと持ちかけられたことがある。そのときぼくは一瞬、迷った。挑戦を撤回したくなかったからだ。でも結局は断った。異種スポーツ対決はできない。柔道の価値観に反する。

それに小さな子どもにだってよい模範を示せない。もともとぼくは、甥っ子たちにはプロレスの試合はもちろん、映画だって少しでも暴力シーンがあったら見せたくないと思っているくらいだ。彼らには、試合のときにはルールに従い、道徳律と価値観をつねに忘れないことが大切なのだと、口を酸っぱくして言い聞かせている。総合格闘技にもルールがあるという反論もあるだろう。それでも原則は「なんでもあり」であることは周知の事実だ。この考えにぼくはなじめない。だからケンカは大嫌いだし、ビデオゲームでもバトル系はとても苦手だ。プレイステーションのサッカーゲーム『FIFA』なんかは、はまってしまうきらいがあるけれど。

石井はこの夏のロンドン・オリンピックには出場しない［訳注：本書の原書が出版されたのはロンドン・オリンピックの約2カ月前］。でも、ぼくにとってオリンピックの金メダルは聖杯探求そのもの、つまり人生の究極の目的だ。世界選手権でチャンピオンになり、さまざまな世界記録を更新してきたが、オリンピックの金メダルだけはまだ手に入れていない。そのため今は、オリンピックで勝つこと以外、何も考えられない。オリンピックが終わったらやりたいことはいくつかあるけれど、まだその輪郭はぼんやりとしている。あまりに大きな区切りの、その先については思考を巡らせることができない状態だ。

こうしたチャレンジは、活力の減退や慣れの感覚といったアスリートの大敵を追いやるのに必要なモチベーションを高めてくれる。この生活を始めて8年になるが、練習に行くのが面倒くさいと感じる朝もある。練習は試合よりも辛い。疲れるわりに見返りが少ないからだ。それでも父が幼いぼくに繰り返し言い聞かせた、「実を結ばない努力などない」という言葉がまだ頭の片隅に残っている。だから可能な限り練習を続け、ときにはコーチ陣に「もう限界！　1日か2日休ませてくれ！」と嘆願しなければならないほど、肉体を限界へと追いつめる。

コーチのブノワとフランクは、INSEPに入ったときからぼくの面倒を見てくれているので、ぼくたちはお互いを知り尽くしている。何事もあうんの呼吸だ。調子が出ないとき、疲れているときはすぐに見抜いてくれる。彼らのサポートのもとで柔道ができるのは、ほんとうに幸せなことだ。ふたりは、道衣に着替えるのさえ面倒に感じる日でもやる気を出させてくれる。そしてぼくのすべてを支えてくれ、いつでも耳を傾けてくれる。彼らは、ぼくの気持ちを盛り上げるにはどうしたらよいかよく知っている。たとえばフランクは試合に向かうぼくを、ときにこんな言葉で送り出してくれる。「行け！　勝つんだぞ！」彼の目を見ればわかる。ぼくの力を信じてくれていると。これにはものすごい効き目がある。

コーチたちとぼくの柔道に対する思いは同じだ。ぼくたちが重視するのはタイトルの収集ではなく、柔道をする喜びをいつまでも持ち続けられるかどうかだ。この喜びは、大舞台で金メダルを取る原動力でもある。とはいっても、いつも同じ相手と練習していると、そのうち飽きがくる（誰もがこの問題を抱えている）。週イチで会って5、6本投げるくらいだったら楽しいけれど、毎日同じ顔ぶれとなると、どうしたってイライラしてくる。コーチにはこの問題をいつも訴えているが、たいした解決策もないままだ。

それでも、ぼくより下の階級の選手との練習はさせてくれる（73キロ以下級の選手にも相手になってもらっている）。こういう練習はとても面白い。というのは、彼らに合わせて自分のコンディションを整えなければならないし、いつもと違う部分、とくに柔軟性などの点に留意して練習する必要があるからだ。練習がつまらなくなってきたとき、ぼくはこういう方法をとって柔道の楽しみを再注入するようにしている。

とはいえ、たいていの日は朝起きるとすぐに柔道が恋しくなり、練習したくてうずうずする。「一本」を取るのが相変わらず大好きなのだ。柔道は、それで収入を得られている（しかもたっぷり）という意味では、ぼくの仕事である。ただしぼくは、柔道を仕方なくやっているのではなく、好きでたまらないからやっている。柔道で食っていけて、最高のパートナーたちに囲まれて競技生活を送ることができている幸運を、ぼくは享受している。

昔からパートナーにはほんとうに恵まれてきた。今でも忘れられないことがある。ぼくがまだカデだったとき、最初のコーチであるアランが、ぼくに柔道衣をプレゼントするために寄付を募ってくれたのだ。ぼくサイズの柔道衣だと、1着400ユーロ以上したからだ。「そんなに高い買い物、自腹を切らなくてもいいんだぞ！」とアランは言ってくれたが、そのころのぼくはまだたいした成績は残しておらず、もちろんどこかの会社がスポンサーを名乗り出るほどの選手でもなかった。

初めてスポンサーがついたのは、それからだいぶ経った17歳のころ、ヨーロッパ選手権で優勝してからで、アディダスと契約を結んだ。次に、北京オリンピックに向けて製菓会社のブロサールが結成した「チーム・オリンピック」に、ダヴィド・ドゥイエやクリスティーヌ・アロン〔訳注：北京オリンピックでは陸上女子100メートルに出場〕、アラン・ベルナール〔訳注：北京オリンピックでは競泳男子100メートル自由形で金メダルを獲得〕とともに参加した。現在、ぼくにはさらに3社スポンサーがついていて（アトス、コカ・コーラ、そしてフランス領アンティル銀行）、家族同様の付き合いを続けている。そうそう、ぼくは「パートナー」という言葉を使うほうが好きだ。長年にわたるサポートという、ぼくと企業の関係をよく表している感じがするからだ。

振り返ってみると、自分の運のよさをつくづく実感する。まず、ぼくをいつも励ましてくれ、ぼくの代わりに日々の用事を取り仕切ってくれる家族を持っている幸せ。ある程度のレベルに達したころ、父と母はこう申し出てくれた。「テディ、お前は柔道に集中しなさい。あとのことは私たちと弁護士に任せればいいから」。願ってもない申し出だった。

もちろん、自分にぴったり合ったスポーツとコーチに巡り合えたのも、そして大怪我などのせいでキャリアを棒に振る目にあっていないのもラッキーだった。それから今にして思えば、この規格外の体の大きさのおかげで、子どものころから年長の経験豊富な柔道家たちと渡り合う機会に恵まれたのも大きかった。技術を磨くという点において、これ以上のチャンスはない。子どものころから最強の選手たちと手合わせをさせてもらい、1秒たりとも無駄にせず彼らから学んでこれた。間違いなく、これこそが最高の上達法だ。

ただし、メダル獲得は偶然の産物などではまったくない。勝利——それは血のにじむような訓練の賜物だ。自分で言うのもなんだが、ぼくの練習は過酷だ。もう何年ものあいだ、連日のように畳の上での苦行を続けている。決して気持ちを緩めることはない。気を抜いたが最後、ほかの選手に取って食われるからだ。成功というものには運も作用しているかもしれないが、ぼくの場合、それは多分に大きな犠牲を払っているおかげであると思う。

23歳のぼくにとって柔道は人生そのもの。そしてそんな人生にぼくは満足している。しかし一方で、将来を見据えて準備もしている。気力がなくなったとき、練習したくなくなったとき、戦う気がなくなったとき、もはや自分の限界への挑戦をあきらめたくなったそのときには、柔道をやめる。最後は、勝利して引退の花道を飾りたい。

第7章

いろいろな出会い

去年（2011年）の春、一本の電話がかかってきた。用件は、フランス国営放送フランス・ドゥー制作の有名バラエティ番組『フォール・ボワヤール』への出演依頼だった。番組のコンセプト――ぼくの大好きな挑戦系ゲーム――も気に入ったし、勝てばチャリティ（ロール・マノドゥー［訳注：2004年のアテネ・オリンピック・競泳女子400メートル自由形で金、同800メートル自由形で銀メダルなどを獲得］が主催する団体「病院の魔法――子どもたちに夢を」）にも貢献できるという。さらに、友だちのリオ・マヴュバ［訳注：フランス代表歴を持つサッカー選手］が同じチームに入るらしい。オファーを断る理由はなかった。

撮影は滞りなく進行し、みんな笑い転げていた――ぼくが司会のオリヴィエ・ミンヌに〝縮む独房〟に入れられてしまうまでは。ぼくは時間の経過とともに天井が下がってくるこの小さな部屋の中で鍵束を探し出し、しかもその中からふたつの鍵を選び出して宝の箱を開けなければならなくなった。出足は上々だった。ぼくは独房の中に入ると鍵束をすぐに発見し、第1の鍵も難なく見つけた。だが振り向くと、いきなり黄色と白の巨大なヘビが目に飛び込んできた。ぼくの何よりも苦手な生き物だ。ぼくはあとずさりして震える声で叫んだ。「いい加減にしてくれ！　ヘビを仕込んでおくなんて！　なんでヘビなんだよ！」独房のすぐ外では仲間たちの笑う声が聞こえ、腹が立った。

それでもヘビのことは頭の中から追い払おうと努め、使命を果たそうとがんばってみた。

しかし第2の鍵がなかなか見つからない。その間に天井は容赦なく下りてきて、頭のすぐ上まで迫っていた。「外に出ろ！」と叫ぶ仲間たちの声が聞こえる。「出ろって、どこから!?」すると、仲間が壁の地面すれすれの位置に小さなくぐり戸があると教えてくれた。だが、そのすぐ横にはヘビがいる……。天井はついにぼくの頭を押さえつけ始め、ぼくはパニック状態に陥った。でももう行くしかない――。ぼくは意を決してくぐり戸に向かって突進した。あのヌメヌメした生き物に「こっちに来るな！」と叫びながら。こんな小さな生き物に人一倍体の大きな自分が取って食われる危険なんてないとわかってはいたが、ヘビと昆虫だけは、理屈ではなく生理的にどうしても受けつけないのだ。絶対に触れないし、近寄れもしない。こうして〝縮む独房〟は、ぼくの最悪のテレビ体験となった。

これまでぼくはかなりの数のインタビューを受け、報道番組に取り上げられ、テレビにもたびたび出演してきた。メダルを獲得するたびにメディアからの取材・出演依頼は増え、今では広報担当者をふたり（フランス柔道連盟のエリザベート・エムリと、フランス柔道チーム関連以外の件を担当するロランス・ダクリ）雇って切り回している状態だ。偉大な柔道チャンピオンでもメディア露出度が高くない人は何人もいるのに、どうしてマスコミがこんなにぼくを取り上げたがるのかわからない。ただ、ダヴィド・ドゥイエのおかげで重量級の柔道選手の存在が多くの人々に知られるようになったのは確かだ。外見的な印象も強烈なのだろう。それに、ぼくの顔はわりと万人受けするような気もする。

とはいえ初の本格的なテレビ・インタビュー――19歳のときに出演した『オンネパクシエ』〔訳注：毎週土曜夜に放送されるフランス・ドゥー制作のトーク番組〕――を受けるまでは、そんなことを考えてみたこともなかった。ローラン・リュキエが司会を務めるこの番組は、ゲストに対して手加減しないことで知られていた。そのため周囲からは止められたのだが、テレビ収録にがぜん興味を持ったぼくは出演依頼を承諾した。

収録当日、ぼくは身だしなみを入念に整え、着る服を吟味し、美容院に行ってあごひげを整えて髪を少しカットした。それから母、兄、柔道連盟の広報担当者エリザベートとともに老舗キャバレー、ムーランルージュのすぐ隣にある番組収録スタジオへと向かった。現場はものすごい熱気に包まれていて、技師やプロデューサー、何人ものADたちが四方八方に駆けずり回っていた。テレビ局の人たちはとても優しかったけれど、ぼくはちょっと気後れしてしまった。

連れていかれた楽屋にはお約束通り、電球がたくさんついたハリウッドミラーとソファがあった。フルーツの盛り合わせやお菓子、飲み物もふんだんに置かれていたが、緊張のせいで食欲は湧かなかった。セットに足を踏み入れるとき、滑ったりしないかな。どもらないようにしないとな。言いたいことがうまく伝わるだろうか。意地悪されたらどうすればいい……。待ち時間が長いのも手伝って、不安は募るばかり。収録はやっと始まったところで、ぼくの出番はまだまだ先だった。やってきたメークさんには「うらやましい！　ほとんどメークは必要ないですよ」と言われたが、ぼくは明らかにナーバスになっていた。そんなぼくの心境が周りの人たちにも伝わったのだろう、みんな「きっとうまくいく、大丈夫だよ」と励ましてくれた。

そうこうするうちにＡＤがぼくを呼びにきて、入場口まで案内してくれた。ここにも大勢の人たちがいて、みなとても興奮していた。そこで少し待たされたあと、いよいよぼくの番が来た。すると突然、人垣が左右に分かれてぼくの前に道ができた。開いた扉の向こうは光の洪水だった。観客から盛大な拍手を受けるなか、ぼくは階段から転げ落ちないように足元にちらちら目を配りながらも、ひたすら目の前を見つめて歩いていった。そうして無事、指示通りゲストたちの横の席につくことができた。

スタジオの中は異様に暑かった。それに、収録の中断や化粧直しの回数の多さ、撮影時間の長さ（たっぷり5時間はかかった）といったら……。女性ゲストのひとりがシャンパーニュを何度もお代わりしていた気持ちがわかる。小休止のあいだにスタッフに文句を言うゲストもいた。ある女性ゲストなどはさんざん言い争った末にキレて、スタジオから出ていってしまった。要するに、司会者に呼ばれるまでテーブル席でほかのゲストとバカ話でもして待っていれば、ことを荒立てずにすむんだなとぼくは納得した。そして、さしあたって居心地は悪くないし、とにかく自分から叩かれにいくようなまねはしないことだ――そう自分に言い聞かせた。

やがて話題が赤ちゃん関連へと移り、ぼくは小声で『ユヌ・シャンソン・ドゥース』〔訳注：アンリ・サルバトール作曲、モーリス・ポン作詞〕を口ずさんだ。これはみんなの笑いと拍手喝さいを誘った。そうしてとうとうぼくがインタビュー席につく時間が来た。ゆっくりと深呼吸し、ごくりと生唾を飲み込んで、席に向かって歩く。リラックスしているふうに装ってみたものの、実はすっかりおびえていた。頭の中は真っ白だった。しかしインタビューが進むうち、誰もぼくを攻撃しようとはしないどころか、とても感じがいい人たちばかりだと気づいた。そして緊張の糸が少しずつほぐれ、だんだん楽しくなってきた。結局、番組収録はとてもうまくいったのだった。

以来、インタビュー番組には慣れ、あがることもなくなった。そもそもぼくは、柔道について話すのが大好きだ。だから、なるべくそっけない答え方はしないようにしている。たとえば、「あの選手権大会についてはどう思われますか？」などと聞かれたとき、「すごくよかったです」とひと言で片づけてしまうような。ただ、「テディ、調子はどう？」とか「今の心境は？」などと尋ねられると、返答に困ってしまう。自分にとってもつかみどころのないこうした質問にうまく答えるのは至難の業だ。ぼくが思うに、聞き手にとっても、ぼくが面白いと思えるものについて話すのを聞くほうが楽しいはずだ。

ともあれぼくは、よい答え手になるにはできるだけ自然体でいるのが一番だと思っている。だからインタビュアーへの回答は絶対に準備しない。ぼくが唯一気をつけているのは自分の視線だ。10代のころは相手の目を見て話せなかった。失礼にあたるのではないかと思っていたからだ。でもあるとき、INSEPの心理カウンセラーからこう言われた。「そうじゃないのよ、テディ。人の話を聞いているときには相手の目を見なきゃダメ！」以来、その教えを守り、人と向かい合っているときには相手から視線を逸らさないようにしている。

なるべくありのままの自分でいたいから、演出に従うのもごめんだ。ただ、『ル・プティ・ジュルナル』〔訳注：カナル・プリュス放送制作のバラエティ番組〕に出たときは別だった。とても面白い展開だったからだ。まず、パリで開催されたグランドスラムでぼくが手に入れた金メダルを出演者のひとりがくすねる。それに気づいたぼくは、最終的にこの番組の仕業であることを突きとめる。そして翌日スタジオに乗り込んでメダルを取り戻し、MCのヤン・バルテスに平手打ちをくらわす――。このシーンは傍目に見ても、まるでいたずらをして巨人にお仕置きされている子どもを見ているみたいで愉快だった。しかもスタジオのセット裏では、あのカトリーヌ・ドヌーブにまで会うことができた。大女優の放つオーラはすぐに目を引く。ぼくはさっそく彼女に挨拶しにいった。

「母があなたのファンなんです！」

ドヌーブはちょっと不機嫌な顔をしてみせた。

「あら、じゃあ、あなた自身はどうなの？」

「ええ、もちろんぼくもファンです。でも母のほうは、もっと気合の入ったファンなんです！」

写真の撮影現場でも、ちょくちょく楽しい体験をさせてもらっている。たとえば、モデルのナオミ・キャンベル。ナオミは近づきがたく、話しかけるのもはばかられる雰囲気をまとっていた。だからこそぼくは、どうしてもちょっかいを出したくなった。そこで、撮影の前に悠々《ゆうゆう》と人を待たせているナオミにこう言ってやった。「こっちは準備できてるよ！もういいだろ？　早くしてよ、ママ！」

彼女は困惑した様子でぼくを見つめた。それでもぼくがにやにやして、言い返す気満々なのが気に入ったらしい。この日のナオミのスケジュールは押していて、2着のカットを撮ったらすぐに帰る予定になっていたのだが、フタを開けてみれば、あまりに楽しかったせいか最終的には8着も着替えてくれたのだった。さらに彼女は、ぼくがそそのかしたらズークまで踊ってくれた。

この大きな体のせいで、ぼくに付いたあだ名は「子グマ」「クマちゃん」「ザ・ベアー」など、クマに関連したものばかり。そして先日ついに、この〝クマ・コンセプト〟を徹底的に追求しようという某有名週刊誌の企画で、本物のクマと共演する話が持ち上がった。ぼくは「やります」と即答した（ヘビや昆虫でなければなんでも大丈夫だ）。そうして撮影スタジオで出会ったのが、3歳のヒグマ、ヴァランタンだ。

200キロもある巨大な体躯に最初はただただ驚くばかりだったが、ぼくとヴァランタンは互いの出方を見ながら少しずつ歩み寄り、挨拶をかわし、やがて遊び始めた。くんずほぐれつしてたわむれるぼくたちに、カメラのフラッシュが機関銃のように浴びせられる。するといきなり、ヴァランタンが前肢をぼくの両肩にかけた。なんという圧迫感……まるで怪物に押さえられているかのようだった。

続いて彼は両肢で一気にぼくの動きを封じ込め、ぼくの頭を噛み始めた。いったいどうなることかと一瞬ヒヤッとしたものの、ヴァランタンはすぐにぼくを解放してくれた。そして今度は顔を舐めたり、キスを浴びせたり、前肢でパタパタ叩いたり、ぼくの力こぶをかじったりし始めた。どうやら気に入ってもらえたようだ。2時間後、ぼくの顔は引っかき傷だらけになったけれど、ほんとうに楽しい経験だった。

2007年の世界選手権で史上最年少でのチャンピオンになってからというもの、ぼくの名前と顔はますます知られるようになった。最近では、スキンヘッドで6週間分の無精ひげを生やし、メガネをかけ帽子をかぶっていても、遠くのほうから誰かが手を振ってくる。写真撮影やサインを求めてくる人も多い。

こんなとき、ぼくは決して断ったりしない。ぼく自身も子どものころ、ベルシー・アリーナで行われたフランス国際柔道大会などで、憧れの選手にサインをねだった覚えがあるからだ。すごいのは、これまでに当時の憧れのチャンピオンたちほぼ全員と会えたことだ。「今でもあなたのサインを持っています。寝室に飾ってるんです!」という言葉に、たいてい彼らは笑いを誘われる。

でも、なかにはサインをしてくれない選手もいた。そんなときはがっかりしたし、サインがもらえなくて泣き出してしまう子もいた。だから、たとえ急いでいたり疲れていたりしても、少しでも時間を取るようにしている。ただ、こっそり写真を撮られるのだけは好きじゃない。声をかけてくれればいいのに……。ぼくはいつでもOKだし、そのほうがいい絵が撮れるんじゃないかと思う。

有名になっても、いい人たちばかりに囲まれているので気分は快適だ。彼らからはいつも、愛情のこもった言葉を受け取っている。みんな「さすがだな、テディ。この調子でがんばって！」「あのルポルタージュ、よかったよ」などと言ってくれる。その一方で何かしらのアドバイスを求められたり、ぼくの生活や練習パートナー、さらには遠征について聞かれたりもする。たとえばこんなふうに。

「最近はどこに行ってたの？」

「モンゴルでの合宿から帰ってきたところなんだ。あっちの気温は氷点下25度だったよ」

「へえ！　きれいだった？」

「すごかったよ。パオっていうテントの住居も見せてもらった。扉の高さはぼくのへソぐらいまでしかないんだ。馬のミルクも飲んでみたよ」

「おいしかった？」

「本音を言おうか？　まずかった……」

ファンのみんなも、いつだって信じられないくらい親切にしてくれる。優しい言葉で埋め尽くされた手紙を送ってくれる人、ぬいぐるみやTシャツや写真などのプレゼントを送ってくれる人……。スケジュールの都合上、頻繁には開催できないのだけれど、交流会ではたくさんの参加者がお土産を持ってやってきてくれる。その土地の名産品をくれる人も多い。ときには、とんでもないアイデアを携えてくる人もいる。あるとき、ひとりの男性がバッグから取り出したのは、なんと妹のブラジャーだった。そして、これに献辞を書いてくれないかと言うのだ！

プライベートでも、何かと優遇される。たとえばショップでは、ディスカウントを申し出てもらったり、プライベートセールに招待してもらったりする。でも、そういった申し出があってもぼくは辞退する。また、いろいろな有名ブランドが豪華なプレゼントをくれようともしてくれたけれど、それもぼくはお断りした。要は、借りを作りたくないのだ。「この時計を差し上げる代わりに、わたくしどものあのイベントやこのイベントに来てくださいね」などと言われかねない。ぼくには興味のないことだ。何か欲しかったら自分で買うほうがずっといい。

この数年で、ぼくは超有名人にも何回も会った。そんな人たちを前にしても――たとえ圧倒されるような相手であっても――ぼくの態度はいつもと変わらない。そう、ジョークを飛ばさずにはいられないのだ。出会えたうれしさを、つい冗談で表現してしまう。小さいころからそうだった。両親にとても愛されて育ったので、ぼくはハッピーな子どもだった。誰を前にしても自然体でいられるのはそのせいだ。そしてうぬぼれているからではなく、生きているのが楽しいから、笑わせたくなるのだ。

ある日の午後のこと、レストランでランチをとって外に出ると、後ろのテラス席から誰かがぼくを呼ぶ声が聞こえた。振り返ってみると、そこにいたのはなんとジャン＝ポール・ベルモンドだった。「調子はどうだい、チャンピオン？」初対面だったが、この名俳優はぼくを自分のテーブルに呼んでくれ、一緒に写真を撮ったりおしゃべりをしたりした。

サッカーの試合を見にスタッド・フランセに行ったときには、ジネディーヌ・ジダンにばったり会った。挨拶をするやいなや、ぼくたちはジョークを連発し始めた。

「あんたの股を抜いてやるよ。こうやって、ほらっ！」ぼくがそう言うと、

「じゃあ俺は、お前に一本勝ちしてやるよ」とすかさずジダンが返す。

「それは無理！」

「なんだと⁉」

ぼくらは大爆笑した。

セレブリティの中でもぼくがとくに強烈な印象を受けた人物に出会ったのは、カンヌ映画祭に出掛けたときだった。友だちがぼくを招待してくれたのだが、当時ぼくはまだ若すぎて、カンヌ映画祭がどんなに熱狂的なお祭りだかよく認識していなかった。パーティー会場になっているクラブに着くと、主催者のジャン＝ロック〔訳注：シンガーソングライター、プロ

デューサー」がぼくのところにやってきた。「あっちで写真を撮っておいで！」彼はそう言うと、ぼくの手を取って部屋を横切り、きれいな女の子たちが群がっているテーブルまで連れていってくれた。その中心にいたのは――マイク・タイソン。

「世界チャンピオンがふたり来てくれたよ！　さあ、パーティーの始まりだ！」と、ジャン＝ロックは声を張り上げた。タイソンと記念撮影をしながら、ぼくは今までに経験したことがないほど、その存在感に圧倒されていた。「あなたこそ〝ザ・チャンピオン〟です。尊敬しています」とぼくが言うと、タイソンは無言のままうなずいた。それまで見せていたのびのびとしたふるまいからは想像もつかない、生真面目で真摯な顔だった。

もちろん、ほかにも会ってみたい人物はたくさんいる。ネルソン・マンデラ［訳注：本書の原書刊行後の2013年に死去］にバラク・オバマ、マイケル・ジャクソン（もうこの世にいないなんて信じたくない）、そしてウサイン・ボルト。ボルトには、短距離走でどこまで勝負できるか挑戦してみたい。ロナウジーニョには一度すれ違ったことがある。このサッカー界のファンタジスタは、ぼくの永遠のアイドルだ。

とはいえ、ぼくの心を一番揺さぶるのは有名人のいずれでもなく、一般の子どもたちだ。交流会の会場に到着したぼくを、何百人もの小さな柔道家たちが目を輝かせて出迎えてくれるのを見ると、言いようのない感動に襲われる。こちらに手を差し伸べながら駆け寄り、キスをせがむ子どもたちはあまりにも愛らしい。交流会では子どもたちとの対戦を思い切り楽しむことにしている。そして練習の指揮をとるときには、わざと子どもたちを勝たせる。「テディ・リネールに勝った！」彼らが大喜びしながら、そう叫ぶのを聞くのがぼくは大好きだ。子どもたちが小さな足で一所懸命に足払いをかけて、ぼくから「一本」を取ろうとするときのかわいらしさと言ったらない。子どもたちの笑顔と輝く瞳を見せてもらえるのは、ぼくにとって最高のご褒美だ。

ただほんとうのことを言うと、交流会はとてもくたびれる。会の終わりに催されるサイン会が長時間にわたるからだ。それでも可能な限りやろうと思っている。子どもたちとの触れ合いを通じて、柔道の道徳律に従っていれば誰でも夢をかなえられるし、大好きなことをやることだって可能なんだよと、彼らに教えてあげたいからだ。

小さなファンの中でも、ぼくがとくにかわいがっている子どもがいる。彼の名はバンジャマン。フランス北部のリールに住む、障害を持つ少年だ。ぼくが国内の大会に出るときには、彼は必ず会いにきてくれる。つい最近、バンジャマンが姿を見せたとき、ぼくはあまりにうれしくてトレーニングウェアにサインをしてプレゼントした。するとバンジャマンはこれ以上ないくらい喜び、ぼくに両腕でしがみついて甘えながら「大好きだよ、テディ！」とささやいてくれた。こういう信じられないほど濃い愛情表現を見せられて、涙が出そうになるときもある。でも、子どもたちの前では泣かないように努めている。ぼくにも意地がある。

そういえばこんなことがあった。東京で開かれた世界選手権のあとにグアドループに立ち寄り、小学校を訪問したときのことだ。学校の中をひと通り見学したあと、ぼくは幼稚園児の教室に招かれた。すると園児たちが自作の歌を披露してくれたのだが、その歌詞はなんとぼくのためにみんなが特別に作ってくれたものだった。

ぼくは園児たちの歌声に聞き入った。そのうちに何かが込み上げてきて、ぼくの唇は細かく震えだした。ちびっ子たちの目の前で涙を見せるわけにはいかない。なぜ泣いているのかと不思議に思われてしまう。ぼくは泣くな、我慢するんだ、と自分に言い聞かせた。だが歌が終わると同時にこらえ切れなくなり、先生に小声でトイレの場所を尋ね、急いで駆け込んだ。そしてトイレのドアを閉めてこもると、唇を咬みながら自分にこう問うた。

「いったいどうした？　落ち着け、テディ！」

この日、ぼくの動揺はまったく悟られなかったけれど、正直ちょっとやばかった。歌の最後に、園児たちから何か優しい言葉をかけられていたら、きっとあっけなく泣き崩れていたに違いない。このときの感動は一生忘れないだろう。

第8章

いつになったら一本勝ちするんだ?

8歳のときだった。ある日曜の朝、ぼくは4時半から起きていた。柔道の試合に出場し始めたばかりのぼくはその日、クラブ対抗戦という本格的な大会に出ることになっていた。いつもの子ども柔道大会なんかとはレベルが違う大会だ。会場はパリのパルク・デ・プランスで、そう遠くはなかったが、計量が朝の6時半から始まるので、試合に出るぼくと兄のモイズは父と一緒に余裕をみて早めに家を出ることにしていた。母は少しあとからやってくる予定だったが、いずれにしても試合のたびに会場に一番乗りして、最後まで残っているのがぼくたち一家だった。

母が荷物の用意をしているあいだ、父はモイズを起こすのにてこずっていた。兄も柔道が得意だったが、どうやら日曜日の朝はあまりやる気が出ないらしかった。かたやぼくは誰よりも先に支度をすませて、柔道衣まで着込み、いらいらしながら待っていた。そうしてモイズがしぶしぶ起きるとみんなを急き立てて車に乗り込み、会場に向かった。

車の中で兄はうとうとしていたが、ぼくは精神統一に励んでいた。するといきなり父が左手でぼくのお腹を叩いてきた。かわす間もなかった。「ターッチ！」父のいつものおふざけが始まった。ぼくのリアクションを面白がっている。その2分後、今度は急ブレーキをかけた。ぼくをびっくりさせるためだ。

でも試合を控えたぼくは、とてもじゃないがふざけ合って笑いたい気分ではなかった。

試合のことだけを考えていたかった。居並ぶ父兄たちの前で、負け知らずのぼくを見せなきゃならない。今まで負けたことはなかったけれど、試合では何が起こるかわからない。それなのに試合直前になると、父はいつもこうやってぼくを試すようなことばかりした。だがある日、とうとう母が父にそっと伝えてくれた。「ねえ、テディは嫌がってると思うの。だってすでに試合に向けて精神統一に入ってるんですもの。もう誰にも邪魔されたくないはずよ」

5時55分、パルク・デ・プランスに着いた。計量を終えると、対戦相手を決める抽選が行われた。ぼくの相手はなんと、兄のモイズだった。でも驚きはしたものの、ホッとした気持ちのほうが大きく、ぼくは思わずにっこりした。兄もぼくも勝負するのが大好きだったし、何をするにしてもぼくたちふたりのあいだには競争意識があった。だが柔道では、ぼくがいつも圧勝していた。モイズ相手だといくらでも「一本」を取れた。兄も強い選手だったが、ぼくのほうがもっと強かったから、安心したぼくはその場でぴょんぴょん跳ね、父兄たちの前で目立とうとした。必死になって戦わなくてもいいや、だってもう勝ったも同然なんだから――。こんなにも安心感をもって試合に臨むのは初めてだった。

しかし「始め！」の合図がかかるやいなや、モイズはぼくに近づいたかと思うと、ひょいっと足払いをかけた。かわしたり、足を上げたりする間もなかった。なんにもできないまま、ぼくは「一本」を取られてしまったのだ。ぼくは動揺し、つぶやいた。「嘘だろ！」だが時すでに遅し。時間を巻き戻すことはできない。ぼくはモイズより強いのに、それを見せることすらできずに試合は終わってしまった。ぼくは不満と恥ずかしさでいっぱいだった。さらに観衆の中にひときわ高く響く父の笑い声を聞いて、屈辱感は倍増した。ぼくの思い上がりを苦々しく思っていたのはわかるけれど……。そんなわけで、試合で初めてぼくに勝ったのは兄のモイズなのだった。

このとき身にしみてわかったことがある。誰にでも勝つ可能性はあり、ぼくが誰かに負けたとしても不思議ではない。どんな相手であっても恐れを抱いて戦いに臨むべきなんだと。以来、ぼくは対戦相手を決して見くびらなくなった。

見ればすぐにわかると思うが、ぼくはとても背が高くて（2メートル超）体格がよく、（約130キロ）、頑強な肉体を持っている。今までは、切り札であるこの体をうまく利用してやってこれた。しかし、これだけ強靭な体があっても、経験と勝歴を積み重ねても、まだ安心できない。それどころか不安でいっぱいだ。柔道の試合は延長戦にもつれこまなければ最長5分間だが、これがいつも異常に長く感じられる。3分間ずっとリードし続けた試合を、一瞬の不注意のせいで失うことだってある。極度の緊張と緻密な駆け引きが続くため、サッカーの試合の90分間と同じくらい消耗する。「一本」を取られることは、ゴールを入れられるよりも最悪だ。挽回の余地がまったくないのだから。「一本」、それはすなわち試合の終了を意味する。

対戦相手のことは、大会の前はもちろん、会場の畳に上がる直前にもしばしば考える。そしてときどきこんな考えにさいなまれる。「今日はやばい気がする。見るからに強そうだよな……。ぼくよりがっちりしているし、動きも速そうだし……。苦手な技をかけてくるかもしれないな」。そんなときはまさに自分自身との闘いだ。

しかも、年を追うにつれて勝利の重みが増してきている。勝歴をさらに重ね、新たなメダルを獲得し、たじろがずに挑戦を受けて立ち、マスコミからのプレッシャーを気にせず、スポンサーやファンや試合を見にきてくれる人々の期待に応えなければならない。たくさんの事柄がぼくの柔道に絡んでくるが、これをコントロールするのもぼくの務めだ。不安を感じるとき、ぼくは自分にこう言い聞かせる。「恐れるな！　練習もたっぷりした。準備は万端だ！　あとはただ戦いに身を投じて、考えるのはそれからにしろ！」

ぼくは決して自分を最強の選手とはみなさず、ダークホースと考える。これがプレッシャーを打ち消すコツだ。こう聞いてくる人も多い。

「同じ階級であなたほど強い選手はほかにいないでしょう？　こんなすごい体格の持ち主

に勝てる相手なんていませんよね」

だが、その質問に対するぼくの答えはこうだ。

「いや、ぼくの階級の選手はみんなものすごい体格をしています。誰に大負けしても不思議ではありません」

ライバル選手とぼくとの違い――それは体格うんぬんよりも、試合に向けての準備方法、試合中に用いる技・テクニック・戦略、そしてメンタル面かもしれない。さらに、周りの人たちの支えも大きい。父は出場するすべての試合に付き添ってくれる。母も基本的には同行してくれるが、訪問する国によっては見合わせる場合もある（たとえばアゼルバイジャンで試合があったときは、入国するのがひどく複雑だったので母はくじけてしまった）。兄も最近応援にきてくれることが多くなった。ほかにも、ぼくのガールフレンド、おじやおば、いとこたち、それからもちろん友だちも来てくれる。

試合前にはいつも、彼らの座っている位置を確認しておく。みんなが見ていてくれると思うと心強い。試合で形勢不利になったときにはほんの一瞬、彼らのほうに目をやりさえすればよい。大勢の観客の中に親しい顔があり、彼らがぼくを応援しているのが見えて、激励の声が畳の上まで届く。それだけでぼくはもう息を吹き返したかのようになる。新たなエネルギーが湧いてきて、まるでみんなから肺をもうひとつもらったみたいになる。

喧騒のなか、ぼくは（それほど遠くでなければ）応援してくれる人の声も、クレオール語［訳注：混成語。生まれ故郷のグアドループでもフランス語ベースのこの言語が使われている］で叫ぶ声も、「がんばれディディ！」も、ちゃんと聞き分けることができる。ちなみに家では、母があだ名をあまり好きではないから、ディディと呼ばれることはめったにない。だから両親がぼくをディディと呼ぶたびにドキッとする。たとえば父は、ぼくの様子がおかしいと感じると、そっと寄ってきて優しくこうささやく。「どうした、ディディ？」その問いかけを聞くと、父が胸を痛めて、小さなころみたいにぼくを慰めようとしてくれているのに気づき、余計に泣きたくなってしまうのだった。

試合中、身近な人たちが会場にいて自分を一心に見つめていると思うと、普通ならプレッシャーに感じるのかもしれないが、ぼくの場合は反対にプレッシャーから解放される。まずは母。彼女には、いつもそばにいてほしい。生まれたときからぼくと母は強い絆で結ばれている。子どものころは母のそばをいっときも離れなかったほどだ。そして思春期の終わりごろ、ぼくは母の無条件の愛のおかげで自分により自信が持てるようになった。それでもいまだに母の褒め言葉をねだりたくなる。「試合を見てくれた？　どこがよかったか言って！」

だが、ぼくが試合で窮地に陥っているとき、母にはその勝敗の行方を見届ける勇気がない。2008年の北京オリンピックでは、タングリエフ相手の苦闘を見るのが辛すぎて、試合が終わるのを待たずに会場から出ていってしまったくらいだ。席を立とうとしたとき、練習パートナーやチームメイトの家族が「行かないで！　テディのためにここにいてあげてください！」と頼んでくれたそうだが、母は息をするのさえ苦しくなって会場をあとにしたという。結局、試合の顚末はある記者に教えてもらったのだそうだ。

母とは強い愛情で結ばれているぼくだけれど、父に対しては勝利を捧げることによって気持ちを伝えている。試合直前の父は、いつもストレスで爆発しそうになっている。そして、必ず入室許可証をどこかで手に入れて控え室のぼくに会いにくる。そうしてまじめくさった話を始めるのだが、視線は宙をさまよい、言葉に詰まっている（いつもの雄弁な父さんはどこに？）。しかも柔道についての知識がそれほどないものだから、往々にして見当違いなことを言う。クスリと笑いたくなってしまうところだけれど、なんとか自分を安心させようとしている父の気持ちを察すると、胸に迫るものがある。

試合の前日、父はよくこう言う。「お前が畳の上で戦っているときは、いい試合になってほしい、一本勝ちしてほしいといつも願っている。でも一番大事なのは、もっとも優れた選手が栄冠に輝くことだ」父にとって真の勝利とはどんなものか、父の人となりをよく知るぼくにはわかっている。試合当日、父の視線は何時間もずっとぼくに注がれたままだ。

だからぼくは、1日の終わりに彼が息子であるぼくを誇りに思えるようがんばる。試合での勝利は、ぼくなりの父へのメッセージだ――父さん、愛しているよ！

家族や親しい人たちがぼくの力を信じ、励ましてくれるのを原動力にして、ぼくは最後まで絶対にあきらめずに戦う。これが、今ではぼくの信条ともなった。まだ手が届いていないなら、決して途中で放り出したりはしない。畳を辞するときには、自分自身に満足している状態でいたい。たとえ負け試合であったとしても、大切なのは全力を尽くしたかどうか、悔いのない試合をしたかどうかなのだ。

ぼくにとって柔道は〝遊び〟だ。だが遊びと言っても、負けたくないのなら激しい練習に耐えなければならない。たとえば10日間休みを取ってバカンスを満喫したあと、練習に戻ると体がなまっているのを感じることがある。いつものように筋肉が動かず、脚の動きも鈍い。練習でチームメイトを倒そうとしても体が言うことを聞かず、重心がぐらついていて力も出ない。イライラして頭がおかしくなりそうになるが、そんなときはやる気が失せるどころか、かえって闘志に火がつく。ぼくはまずこう念じる。「たいしたことはない。とにかく落ち着け。なんとかなる！」

そして稽古をまたイチから始め、何度でも繰り返す。同じ相手と1時間でも2時間でも、ぼくが納得いくまで続ける。負けるのは嫌いだ。負けるくらいだったら自分を傷めつけたほうがいい。もちろん、ぼくにだって練習や試合で負けるときはある。負けを認めるのはしんどいし、ほんとうに受け入れがたい。でもぼくは、立ち直りがとても早い。一番辛いのは敗北であって、そこから這い上がるのはたいしたことではない。

試合で負けたあと、1週間以上も落ち込んだままのスポーツ選手がよくいるけれど、ぼくの場合は翌日には吹っ切れている。そもそも落ち込むのが大嫌いな性格なのだ。ぼくは超ポジティブ思考の人間で、たとえ母であっても、ちょっとでも悲観的な話をされるとすぐに機嫌が悪くなり、こう言い返す。「そんな話聞きたくない。悪いけどあっちに行ってよ」。母もそれを百も承知なので、めったに愚痴は口にしない。

そんな性格だから、ぼくは嫌なことがあったらなるべく早く解決してしまおうと考える。たとえば負け試合なら、そこから何かを学び取ろうと努める。敗北や失敗をすばやく乗り越える術を身につけることは、トップレベル・スポーツ選手にとってとても重要だ。ぼくは12、13歳のとき、このことを身をもって知った。

そのころ、ぼくはパリ地区のチャンピオン・タイトル保持者だった。だが再びこのタイトルをかけた戦いに挑んだとき、試合が始まってもいないのに心の底から対戦相手に恐れを感じた。その名はサミール。自分より体格のいい相手に立ち向かわなければならないのは、生まれて初めてだった。そして戦いが始まると、サミールはあらゆる面でぼくよりも強いことが判明した。結局ぼくは完敗し、彼はぼくからパリ地区のチャンピオン・タイトルを奪った。負け知らずだったぼくは、かなりショックを受けた。大会ではいつだってぼくが優勝してきたのに……。

ぼくは自信を失い、道場でサミールを見るたびにおびえた。しかし幸いなことに、コーチのアランがこの敗戦によってぼくが弱腰になっているのにすぐに気づき、サミール打倒を念頭に置いたプログラムを組んでくれた。次にサミールと対戦するときに負けは絶対に許されない——この目標を掲げて6カ月間練習に励み、ぼくは再戦に挑んだ。その日のぼくはすっかり自信を取り戻し、あれだけ落ち込んだのが嘘のようだった。そして実力以上の力を発揮でき、タイトル奪還に成功した。勝てたのがいつも以上にうれしかった。恐れを克服してサミールをやっつけることができたぼくは大満足だった。

父と母も、ぼくたち兄弟が幼いころから「失敗は成功のもと」とよく言い、よいことであれ悪いことであれ、経験を今後に活かすよう教えてくれた。どんな失敗であろうと、ゆくゆくは切り札になるかもしれないし、自分をより強くしてくれるかもしれないと。でも、これを実践できている人はぼくの周囲でも驚くほど少ない。

ぼくの場合、敗北したあとは何よりもまずミスの原因を把握しようと努める。その試合を頭の中で何度も再現して互いの動きを細部にいたるまで検討し、何がいけなかったのか洗い出すのだ。これは誤審が原因で負けたときでも同じだ。どんなスポーツでも当てはまると思うが、柔道でも不測の事態は付き物だ。２０１０年、東京で開催された世界選手権で、誰の目にも明らかな誤審のせいで、ぼくは無差別級の決勝で負けを喫した。対戦相手は積極的戦意に欠けるとして「指導」を与えられるべきであったのにもかかわらず、審判は何もしなかったのだ（あとで聞いたところによると、試合の前に審判員たちは、なるべく「指導」の数を減らすようにという指示を受けていたという。審判は単にその通達に従っただけのようだ）。

試合のあと、ぼくは怒り狂っていた。北京オリンピック以来、2回目の大きな敗北だった。周囲のみんなはこう繰り返した。「そうカッカするなよ！　3、4日前に100キロ超級で世界一になったばかりじゃないか！」たしかにそうだが、でも割り切れなかった。あいつがまともに組み合わなかったことを後悔するまで絶対に許してやるものか――そう思った。そして数カ月後、パリで行われたグランドスラムでぼくは雪辱を果たした。このときの勝負は鮮やかに決まった。試合開始から1分21秒でぼくは「一本」を取ったのだ。

同じ失敗を繰り返すのは、ぼくのプライドが許さない。だから、負けるたびに二度と同じ過ちを繰り返さないようあらゆる手を尽くす。このプライドの高さは、ぼくの強みのひとつであると思う。兄相手のプレイステーションでさえも、負けるのが大嫌いだった。

そんなわけで、ほとんど強迫観念のようになるまで、ぼくは毎日毎日激しい練習を積んだ。畳の上であれ、テレビゲームの前であれ、思うような結果を出せるレベルに自分を押し上げなければ気がすまなかった。試合直後、よくこんなコメントをもらう。「おめでとう。でも接戦だったね」「一本は取れなかったね」。また、いつだったか世界選手権で優勝した直後のぼくに、ある柔道選手が辛辣な調子でぼくにこんな言葉を浴びせた。「いつになったら一本勝ちするんだ？」彼にはわかっていなかったのだろう、ぼくにこんな挑戦的な態度をとるのは避けたほうがいいってことが。

一本勝ちと言えば、昔の記憶がよみがえる。8歳か9歳のときだったと思う。柔道を始めたばかりのころのある試合で、係員がタイマーを始動させる間もないうちにぼくは勝ってしまった。審判が「一本！」と言ったとき、タイマー係はぽかんと口を開け、それを見た兄は大爆笑していた。きっと100分の1秒くらいで勝負を決めたのだろう。まさしく電光石火の早業だった。

前述のような当てこすりを言われたり、審判の決定に何度か疑問を感じるという経験をして以来、一本勝ちはぼくの十八番となった。もちろん猛稽古をしなければならないけれど、「一本」を取れば、畳の上の王者は誰であるのかがはっきりする。戦いの決着を自分でつけるのは、すごく刺激的だ。誰の目にも明らかな並外れた力の持ち主になったような感覚が味わえる。「一本」の破壊力は、ぼくにとってたまらない魅力だ。それは誤審を避ける手段でもあり、とどめの一撃でもある。なにせ何カ月も必死に練習してきた相手でさえ、一瞬のうちに打ち負かしてしまうのだ。こういう負け方をすることがどれだけ受け入れがたいものであるか、ぼくは8歳のときの兄との対戦で痛感した。だからこそ、柔道は最高にエキサイティングなんだけれど。

年を経るにつれて自分の柔道に自信が持てるようになってきたのは、少しずつではあるがぼく自身、レベルを上げてきているからだと思う。進歩には限りがないとぼくは信じている。だからどんな場面にも対応できるよう新たな技を取り入れ、日々進化しようと努めている。今のぼくは狙いどおりの戦略を自在に使い、試合をリードし、罠を仕掛け、どんなときでも突破口を見つける、そういう自分の柔道を楽しめるようになった。柔道はほんとうに面白いと思う。

だが勝ち続けていると、また別の危険が迫る。それは、「うまくいっているんだから、このままでいいだろう」という気持ちの緩みだ。勝利の上に胡坐《あぐら》をかいてしまっていては、必ず落ちるときが来る。ぼくはそんな危険を避けるために、ライバルたちの顔を思い浮かべ、世代交代を想像し、ぼくを倒すことを夢見ている若手選手の存在を思い起こす。そして、負けないためならどんなことでもしようと腹をくくる。

しかしそういつもうまくいくものではなく、誰にだって油断を招く可能性はある。ぼくの場合、バカンス明けの道場での稽古で、ほかの選手にそれを思い知らされることもしばしばだ。兄にもちょくちょくこうからかわれる。「なあ、俺がお前に一本勝ちしたの、覚えてるか?」そう言われるたびに、二度とあんな目にはあわないぞと、固く誓うぼくなのだった。

第9章

チャンピオン・テディ

２０１１年の春、21歳になったぼくは絶好調で、最高のコンディションで大切な試合に向けた調整に入ろうとしていた。ぼくは、この年の8月末に地元パリのベルシー・アリーナで行われる世界選手権で５つ目の世界タイトルを手に入れ、柔道の歴史に名を残したかった。１年間にわたる濃密な練習に対する自分へのご褒美として、それに勝るものなどあるわけがなかった。

６月の初め、世界選手権を前にした最後の試合があった。全仏柔道選手権1部リーグの試合で、ぼくは所属しているルヴァロワ・クラブから出場した。その初戦で、相手がぼくの釣り手を切ろうとした（相手の道衣をつかんでいたぼくの手を、相手が引き離そうとした）ときに、右手の小指に引きつりを感じた。こんな痛みには慣れっこなぼくはさほど気にも留めず、そのまま試合を続けて勝った。だが小指のずきずきとした痛みは治まらず、１時間もしないうちに腫れてきた。兄に見せると「突き指だな」と言う。指に何かあると柔道選手が言う決まり文句だ。しかし指の痛みは増すばかりで、相手の道衣をつかむことすらままならなくなった。それでもぼくは最後まで試合に出続け、５試合すべてに勝利した。

翌日になっても小指は痛み、ついには青く変色してきた。それなのにぼくはいつもの調子で、まあそのうちよくなるだろうと高をくくっていた。毎年、何かしら怪我をしているが、どれも軽いものばかりだった。世界選手権まであと2カ月半――見て見ぬふりをして痛みをこらえ、「これはかなりやばい怪我かもしれないぞ」という体の声には耳をふさいで、いつものように技術面を磨き上げ、筋トレを続けた。でも手加減はしていた。ポール・エスポワールに入ったときからの友だちであり柔道仲間のユーゴとテニスもしたけど、ヘマばかりしてこう言われた。

「テディ、お前下手くそだな！」

「なんか、指が痛くてさ……」

「見りゃわかるさ！」

どうやらユーゴにはとっくにバレていたようだ。

２週間後には、痛みがひどくて耐え切れなくなってきた。そこでぼくは、怪我をするといつも診てもらう、元フランスチーム主治医のもとを訪ねた。医師はぼくの指を見るなり深刻な顔つきになり、すぐにそのまま手外科専門医のところへぼくを連れていった。専門医は小指の状態を一瞥《いちべつ》すると、顔をしかめて言った。「どうも靭帯性腱鞘《じんたいせいけんしょう》Ａ２の断裂のようですね」。なんのことだかよくわからなかったが、だいたいの事情は医師たちの顔つきを見ただけで呑み込めた。「とにかくまずＭＲＩ検査をしましょう」。ぼくは直ちに検査を受けた。そして検査後、すぐにＩＮＳＥＰの医療チームを中心に会議が開かれた。

「テディ、検査によるとこういうことだ。靭帯性腱鞘が一部断裂している。つまり、指を動かす腱を包んでいる鞘《さや》の部分が切れているんだ。指をしっかり曲げることができないのはそのせいだ。小指の周りに硬いリングをはめて固定するよ。これは添え木のようなものだ。これで回復を待とう。そのあいだ休息を取りつつリハビリをし、1日に3回指を氷水につけて炎症を緩和させる。柔道の稽古は禁止だ」

医療スタッフからの説明によれば、全治4週間とのこと。ぼくは自分の考えがあまりに甘かったことを悔やんだ。それでも、世界選手権にはぎりぎりだが間に合うことは間に合う。不安を感じるよりも、手術を免れたことにぼくはホッとした。

治療を開始すると同時に、世界選手権に向けた調整のため、予定通りフランス北部のル・トゥケで行われる合宿に、ぼくもチームのメンバーや、団長で長年ぼくのコーチを務めるブノワ、そして副団長5人とともに出発した。ただしぼくは柔道衣さえ持っていかず、ひたすら体作りのトレーニングをして、全身の各部位の強化を図った。密度の濃いメニューだった。朝6時半からのジョギング（ホテルの目の前に広がる海岸を走る）に始まり、ホテル内での海洋療法《タラソテラピー》、そして10時からは筋トレ（コアトレーニング、ウエイトトレーニングなど）。午後は、ほかのメンバーが道場で稽古をしているあいだ、自転車を使ったトレーニングか、バーベル運動や片手腕立て伏せなどの筋トレを行った。

最初の2日間はやる気もあり、まずは怪我からの回復だ、と自分に言い聞かせることができた。でも3日目になると、自分以外のみんなが道場で稽古をしていると思うと耐えられなくなってきた。畳の傍らで筋トレをしていると、ついついみんなのほうに寄っていってしまう。すると「こらこら、戻ってこい!」とフィジカルトレーナーに呼び戻される。4日目以降もこの繰り返しだった。そうして1週間の合宿が終わった。

チームのメンバーはそのあとINSEPでさらに練習を積み、翌7月には世界の選手が集まる国際合宿に参加するためバルセロナに行く予定だった。ブノワは、ライバルの様子が観察できるだろうから、この合宿にぼくも参加するように言った。ただし、こうも付け加えた。「怪我をしていると気づかれないようにな」。国際合宿に参加できるのはうれしかったが、問題は、もう3週間も柔道をしておらず、道衣が着たくてたまらないことだった。禁断症状が出始めていたのだ。そこで今回の合宿には、こっそり柔道衣を持ち込んだ。寝技の稽古は絶対にしない、防御は必ず左手でやる、という言い訳を自分にしながら。

それでも合宿の初日はまだなんとか我慢できた。しかし2日目ともなると、気がおかしくなりそうだった。ライバル選手が稽古をしているのに、ぼくにはいまだ体作りのトレーニングしか許されていないのだ。たしかに、彼らの動きを見るのはためになった。けれども、ひとりひとりと組み合って直に相手を感じることでしかわからないこともある。世界選手権に向けて彼らと一緒に稽古をしたくて仕方なかった。ただ見ているだけなんて拷問に等しかった。体がうずうずする……。そしてぼくはとうとう欲望に負けてしまい、だだっ広い道場の向こうのほうにコーチがいるのをいいことに、世界ランキング第2位のエジプト人選手、イスラーム・エルシャハビとこっそり隅のほうで組み合った。もちろん左手だけを使うようにしながら。だが、すぐにブノワが駆けつけてきた。

「テディ、いったい何をやってるんだ!?」

「大丈夫だよ。片手しか使ってない！」

そう答えると、ブノワはぼくがエルシャハビをもう少しで倒せそうだったのを見ていたこともあってか、そのまま続けさせてくれた。ブノワはいつだってぼくのよき理解者だ。だからぼくが柔道に飢えていたのも、とっくにお見通しだったのだろう。彼はぼくの判断に任せると、腕を組んで眉間にしわを寄せたまま、ぼくたちの目の前に陣取った。ぼくはぼくで、指を強く動かしたら骨折してしまう恐れがあることは承知していたので、注意深くエルシャハビと戦った。だが一段落つくと、ブノワが叫んだ。

「そこでストップだ！　お前は道衣を脱いで寄こしなさい。筋トレを始めるぞ！」

「ええっ!?　あと1回くらいやってもいいだろ？」

「とんでもない！　ほら、エクササイズに戻るんだ」

名残惜しかったが、再び畳に上がれて（しかも調子がよかった）満足感もあったぼくは、ブノワの言いつけに従った。でも、できれば日本の上川大樹とも対戦してみたかった。上川は前年東京で行われた世界選手権の無差別級の決勝で、ぼくに判定勝ちしたあの因縁の相手だ。そこでぼくは翌日、また道場の隅にこっそり行って上川を呼び寄せた。ところがやる気満々の上川を相手に、ぼくもかなり熱くなってしまった。すると、またブノワが駆けつけてきて止めに入った。ぼくは思わず叫んだ。

「ブノワ、お願いだから最後までやらせてくれ！」

「ダメだ、やめるんだ！」

そう言うとブノワはぼくたちのあいだに割り込んできた。ぼくは我慢できず、とうとう癇癪《かんしゃく》を起こした。

「もうたくさんだよ！　大会まであと1カ月半しかないのに……。柔道の稽古を始めなきゃ、大負けするに決まってる！」

「今稽古に戻ったって、また指を痛めて大会に出られなくなるだけだぞ！」

ぼくはしぶしぶブノワの言うことを聞いたが、内心ではむかっ腹が立って仕方なかった。まるでおもちゃを取り上げられて機嫌を損ねた子どもみたいだった。そのあとぼくはブノワに連れられて外に出て、短距離走をしてから腕立て伏せ、腹筋、インターバルトレーニングなどをこなした。でもいつもならおしゃべりを楽しむ休憩時間のあいだは、ただベンチに座ってうなだれ、すねていた。ブノワは息子に対するように話しかけてくれたけれど、ぼくはむっつりしたまま「うん、うん……」と口の中でつぶやくだけだった。そんなぼくにしびれを切らしたブノワが言った。

「いい加減、ふくれっ面はやめろよ！　柔道なら、そのうちやりたいだけできるようになるから」

「そうだろうけど、畳の外にいるのはもううんざりなんだよ！」

ぼくはもはや気持ちをコントロールできなくなっていた。それからというもの、道場に5分以上いようものなら監視の目を盗んで乱取りを始めてしまう始末。だが、そのたびに指が痛みだし、ブノワがぼくを連れ戻しにくる。そして屋外か専用ルームで筋トレをさせられた。バルセロナでのぼくは小さな子どもそのものだったけれど、自分ではどうしようもなかった。ライバル選手たちが稽古に励み、技を磨き、楽しんでいる姿を1日に2回も見せつけられるのだ。一方のぼくは4週間も停滞したままだというのに……。

ぼくはおびえていた。ずっと昔から、畳の上で息が上がるまで練習してやっと試合に向けた準備が万端だ、と考える癖がついていたからだ。壁にぶつかってそれを乗り越えなければ、肉体の限界の向こうを目指してエネルギーを燃やし尽くさなければ、やった気がしない。自分を追い込んでいくうちに、これ以上はもうダメだという瞬間がやってくる。頭も脚も動かないと言っている。でも高みを目指すなら、この精神面のバリアを突破し、自己を超越しなければならない――そう考えてやってきた。

しかし柔道の稽古を禁じられたぼくには、当然ながらそれができない。体作りのトレーニングだけでは、せいぜいいつもの半分くらいの運動量だ。世界選手権に挑む準備がまったく整っていない状態と言ってよかった。今まで生きてきて、こんなに苦しいのは初めてだった。ふだんは楽天的な性格のぼくが、このときばかりは毎日毎日どん底にいた。チームのメンバーともほとんど口をきかず、親しい仲間たちともいつものようにしゃべる気にはなれなかった。彼らを心配させたくなかったからだ。この最悪の状況から抜け出すには柔道を再開するほかないとはわかっていたけれど、医療チームのゴーサインはなかなか出なかった。

合宿を終えてパリに戻っても、状況は変わらなかった。ぼくは週に一度は医療スタッフのもとに通っていたのだが、そこで聞かされるのは毎回同じことばかり。「来週になったら、きっとよくなってるよ」。この悪夢、いったいいつまで続くんだろう……。我慢の限界を超えていたぼくは、とうとう運動療法士に嘘までついた。ぼくに手の運動をいくつかやらせていた彼に、痛みが消えているかのようなふりをしてこう言ったのだ。

「やった！　治ってる！」

「やめろよ、テディ。見ろ、指が震えてる。たかがタオル1枚引っ張るのにもてこずってるじゃないか」

嘘はバレバレだった……。

そうして稽古は禁止されたまま7月が過ぎた。8月の第1週には、今度はフランス中部の街ブールジュでの合宿が予定されていた。その合宿を前に、ぼくはもう何度目かもわからないMRI検査を受けて、また医療スタッフと会った。彼らの話を聞いて一瞬、空耳かと思った。2カ月間待ち続けていたこの言葉を、突然言われたからだ。「稽古を再開してみよう。ただし徐々に、時間をかけて……」。ついに解放されたのだ！　医療スタッフからの警告など、途中からまったく耳に入らなくなった。頭の中にあるのは、遅れを取り戻すことだけ。ぼくは、合宿初日からめいっぱい動いてやろうと気合を入れた。

世界選手権を3週間後に控えたこの合宿には、フランス中から最高レベルの選手たちが集まっていた。つまり、乱取り稽古の相手としては申し分のない選手たちが顔をそろえていた。ぼくはその中から4人を選んで順番に指さした。「最初は君！　その次は君！　そしてその次が君！　最後が君だ！」ぼくは久しぶりの実戦練習を前に浮かれ、そして意気込んでいた。だが、この高揚感は長くは続かなかった。体がひどくなまってしまっていて、ふたり目の選手に「一本」を取られてしまったのだ。

こんなことは練習ではしょっちゅう起こる事態だから、本来ならそう深刻に受けとめる必要はない。この日は怪我から復帰して初めての練習だったのだからなおさらだ。「仕方ない。怪我をして休んでいたんだから」と、自分を慰めていればすむ話だ。でもそのときのぼくにとっては大打撃で、立ち上がるやいなや対戦相手に向かってこう言った。「もう一度！」そうして1時間半ものあいだ戦ったが、彼にはどうしても勝てなかった。それどころか再び「一本」を取られてしまう始末……。

ぼくたちの周りではざわめきが起こっていた。誰かがばったり倒れると悪友たちがよく出す、あのヒューヒューという音まで聞こえる。さらに一部のコーチたちまで「見ろよ！ひと波乱ありそうだな」と言っていた。逆上したぼくは水分補給の時間さえ取らなかった。滝のような汗をかき、喉はカラカラで焼けつくようだったのに、「もっと！」「まだまだ！」と言ってひたすら相手に向かっていった。目の前の相手を倒すまでは水を飲んではいけない――そう自分に命じたのは、自らに罰を与えて自尊心を保ちたかったからだ。それに、極限まで自分の体を痛めつけているという感覚が欲しかった。

そんな様子を見て、ブノワは何度もぼくを落ち着かせようとした。「冷静になるんだ！

最初はゆっくり始めなきゃダメだ。まだ時間はある。そうだろ、テディ？」ブノワがいくら説得しても、ぼくは聞く耳を持たなかった。口にこそ出さなかったが、心の中でこう反論していた。それは違う！　時間なんてぜんぜんない。試合は3週間後に迫っているんだ！　たしかにぼくは短気だけど、今日この場所でトップの位置に立たなくてどうする！そして、ぼくをてこずらせている相手の目を見てこう宣言した。「まだ放さないぞ、ぼくが勝つまでは！」

しかし相手は強かった。いくら粘っても、思うままに技をかけてきた。稽古のあと、ぼくはすっかり頭に血が上っていた。こんなことってありえるのか？　なんでこいつに負けなきゃならないんだ？　いつもなら一番強いのはぼくで、こいつにもいつだって勝っていたのに……。自分の今の状況を冷静に見つめられず、そんなことばかり考えていたぼくのもとに仲間たちが寄ってきて、口々にこんなことを言った。

「いい加減にしろよ、テディ。2カ月も怪我で休んでいたんだぞ。いきなり調子が戻るわけがないじゃないか！」

そんな慰めの言葉もぼくの心には届かず、「もういいよ、ほっといてくれよ」と返すと、仲間たちは「あーあ、またふくれてる……」と言って、みなあきれたような表情をして去っていった。

柔道がうまくいかないと、何もかもがうまくいかなくなる。物事を大局的に見られなくなってしまうせいだ。翌日、ウォームアップをすませると、ぼくは前日こてんぱんにやられた相手を再び呼んだ。この日は倒されこそしなかったものの、倒すこともできなかった。これはぼくにとって大きな問題だった。対戦のたびに必ず1回は「一本」を取らないと、心もとない気持ちになるのだ。結局、ここにばかり固執して練習時間は過ぎていき、2日目もなんの成果も生み出せなかった。そればかりか、この選手が前日の自分の戦いぶりについて自慢している（「テディに勝ったんだぜ！」）のが耳に入っただけでなく、仲間にもさんざんからかわれて、前日に劣らず気分は最悪だった。

自信を喪失しかけていたぼくは合宿3日目も鬱々とした気分で迎え、例の相手とまた組んだ。しかしこの日の対戦では、何分も激しく攻撃した末、「シャーッ！」という雄叫《おだけ》びとともについに相手を投げることができた。とうとう「一本」を取ったのだ！　これにはみんなが大笑いした。大満足して振り返ると、コーチたちもこころなしか微笑んでいた。とはいっても、昨日までのようなことが二度と起こっては困る。だから大会までの残り3週間、彼との練習を続けることにした。また簡単に倒されたりしないよう、念には念を入れたかったのだ。

それからというもの、いつにも増して密度の濃い稽古をし、調子もどんどん上がっていった。ぼくはできるだけ早く元通りの柔道がとれるよう練習に励むとともに、もう1段上のレベルを目指した。ただ、なんとなく心が麻痺したままなのが気になった。攻めたいから攻めていくのだが、いかにも機械的な感じで、なんの高揚感もないのだ。さらに世界選手権が1週間後に迫ったころ、またも不安にさいなまれるようになった。夜もなかなか眠りにつけず、昼寝もできない。そこで取り返しのつかない事態になる前に、ブノワに相談してみた。

「何かがおかしいんだ。自分の柔道をやっている気がしない。たしかに調子は安定してきたし、勝てるようにもなったけど、なんにも感じないんだ……。どうしたらいいんだろう?」

「そのうち元に戻るさ。焦るなよ。お前は自分に厳しすぎるんだ」

ブノワはそう言ったが、焦るなというほうが無理だった。心理カウンセラーも「自信を持つのよ、テディ!」とぼくを励ましてくれたが、このままではいつまで待てばよいのかわからず、気分は晴れないままだった。何かきっかけが欲しい――そう切に思ったぼくは、所属するルヴァロワ・クラブで技術面の仕上げを担当してくれているコーチ、クリスチャン・ショーモンに練習を見てもらえないかと考えた。ブノワにそのアイデアを持ちかけると彼も許可してくれたので、ぼくはルヴァロワへ行き、コーチと練習パートナーのニコラに付き合ってもらってたっぷり練習した。

ルヴァロワではさまざまな問題点の改善に取り組み、基礎的な動きを復習し（相手の手や脚をどこへ持っていくか、体に自然に覚え込ませる）、微調整を重ねた。そうするうちに、次第に心に重くのしかかっていたものから解放されていった。そして、今まで自分にプレッシャーをかけすぎていたことに気づき、焦りは逆効果なだけで、少し時間をかければ心身は回復するのだと身をもって実感した。こうして再び自信を取り戻したぼくは、もしかしたらまた優勝するチャンスがあるかもしれないと思い始めた。

ところがその3日後、いつもとなんら変わらない練習のあとで、またもや自信喪失の波に襲われた。こんなふうになってしまうのは初めてだったので、ぼくは動揺し、途方に暮れてしまった。ぼくの強み、それは組み手だ。でも右の小指を怪我したため、安心して手に頼ることができなくなっていた。世界選手権出場への決意は固かったものの、〝武器〟を思うままに使えない状態で試合に出るのは恐ろしかった。準備が万全でないという懸念、自分の柔道を感じられない危機感、そしてまた怪我をするのではないかという恐怖……。それでも、地元パリのベルシー・アリーナを埋め尽くす観客の前で戦う機会を、みすみす逃すことなどできるわけがなかった。

世界選手権の開幕を翌日に控えた8月26日金曜日の21時30分。ぼくはチームのみんなと一緒にホテルで夕食をすませると部屋に戻り、鏡の前に立った。そして「ぼくは5連覇を狙う」とつぶやいて鏡の中の自分をにらみつけ、頬を2、3発平手で叩いた。これは数年前から試合前夜にやっている儀式の一環だ。そのあと自分に向かってまた話しかけ、モチベーションを高め（もしも十分でなければの話だが）、最後に叫ぶ。胸をどすどす叩きながら「ウォーーッ、ウォーーッ」と。腹の底から湧き出てくる、本能的な咆哮《ほうこう》だ。何も考えずにこの儀式をすることで、なんとかなるさ、という気持ちになれるのだ。

翌朝、体調は最高だった。この数週間でこんなによく眠れたのも初めてだった。ぼくは6時半に計量をすませると、朝食をたっぷり——牛乳、オレンジジュース、フルーツサラダ、コーンフレーク、オムレツ——とり、それからコーチが指示した出発時間まで部屋の中をぐるぐる歩き回りながら待機した。そうしているうちにアラームが鳴り、ついに出発のときがやってきた。

ぼくが出場する100キロ超級の試合は11時に始まる予定だった。ベルシー・アリーナに着くと、ぼくはまずゆっくりとウォームアップを行った。そのあと体が冷えないように道衣を脱いで、トレーニングウェアと大きめのパーカーに着替えた。だが足元はいつものサンダルだ。足先が冷えてきたら、エクササイズをしてまた体を温めればいい。出番まではまだだいぶ時間があったので、ぼくは立ったままストレッチをした。それから、発泡水とパワーエイドを交互に飲んで水分補給も十分にした。もちろん、飲みすぎて体が重くなってしまわないよう注意を払いながら。

　コーチたちは最初の試合まであとどれくらい時間があるか掲示板を何度も確認しにいき、そのたびに「あと1時間半だ。まだたっぷり時間はあるな」とか、「あと3試合でお前の番だ」などと教えてくれた。待ち時間は苦痛だ。緊張がどんどん高まっていくからだ。その間、初戦の試合展開をいろいろと夢想した。対戦相手はブラジルのダニエル・エルナンデス。テニスのラケットみたいな大きな手を持った、ぼくの苦手な選手だった。彼につかまれたら、払うのはほぼ不可能だ。難しい試合になりそうな気がした。

　そうしていよいよぼくの番がやってきた。招集室で審判員たちに挨拶をし（このころには顔なじみになっていた）、エルナンデスとともにトンネルのようなところを抜けて会場に入ると、観客席から大きなどよめきが起きた。ベルシー・アリーナは熱狂的な雰囲気に包まれ、最上階にいたるまで、観客全員が大きな拍手で迎えてくれた。観客との絆をここまで強く感じたのは初めてだった。

　しかもぼくが試合場に足を踏み入れると、今度はみな一斉にぼくの名前を連呼し始めた。ぼくに向けた垂れ幕も数え切れないほどかかっていた（「テディ・ベア」「テディ大好き！」「テディが一番！」などと書かれていた）。こうした観客の熱い応援は信じがたいほどの力をぼくに与えてくれ、体の中からエネルギーがふつふつと湧いてくるのを感じた。そして、期待に応えるためならなんでもやってやろうと思わせてくれた。

そんな応援を背に、ぼくは1分も経たないうちにエルナンデスを倒すことができた。「内股」（相手の内腿を跳ね上げるようにして投げる足技）が決まったのだ。この技は今年に入って習得したばかりだった。それが本番で決まって、これまでの不安が嘘であったかのように心が軽くなり、頭の中も実にスッキリした。最高の滑り出しだった。

次の試合はドイツ人選手が相手で、今度は絞め技で勝った。第3戦目の相手であるモンゴル人選手は逃げ回るばかりだったが、それでも開始から1分30秒後に仕留めることができた。この日2回目の「内股」が決まったのだ。このときぼくは気づいた。指を怪我したのは、文字通り怪我の功名だったと。もし大会前の国際合宿でこうしたライバル選手たちとともに練習試合をしていたら、おそらくぼくが最近どんな技を磨いているか、この世界選手権でどんな切り札を持ってくるか気づかれてしまったはずだ。しかしそれができなかったことで、この日の対戦相手たちはぼくの動きをまったく読めないでいた。

続く準々決勝では、ハンガリーのボル・バルナと対戦した。この年のヨーロッパ選手権の決勝でぼくは彼を破ってはいたが、両手利きで粘り強い、厄介な選手だった。しかしぼくは、試合開始から33秒で返り討ちにあわせることができた。「大内刈」（相手のふところに入って内側から足を刈り倒す足技）に持ち込もうとしたら払われたので、踏ん張って「小外掛」（相手の体の後ろ側に足をかけて倒す技）をかけたところ、これが決まったのだ。観客はみな大喜びで大きな歓声を上げげた。これ以上ない流れだった。しかもここまで、右手の小指の痛みはまったくなかった（どの試合もあっという間に決着がついたので、そもそも怪我をした指を使う機会すらなかったのだが）。

次の準決勝に向けて、ぼくは観客のためにサプライズを用意していた。実は、この大会の開催国フランスの選手は、準決勝まで進出したら入場の際に自分の好きな音楽をかけてもよいことになっていた。そこでぼくは、準決勝に行けたら観客の度肝を抜くような曲を流そうと思い、ラッパーのソプラノの協力を仰いでオリジナルソングを作ることにした。そしてソプラノはぼくが出したコンセプトをもとに、みんなで盛り上がれるすばらしい曲を完成させてくれた。しかもそれは、ぼくのための曲だ。

いよいよぼくの出番が来た。入場前に「レディーズ・アンド・ジェントルメン……」というアナウンスが流れる。ここまではいつもどおりの準決勝直前の光景だ。だが入場コールが終わると突然、アリーナ全体が低く唸る轟音に包まれ、ソプラノの「カマラード！」［訳注：ソプラノのリミックスアルバムのタイトル曲］という叫び声に続いて、ぼくの曲が鳴り響いた。観客はみな驚きつつも、聞き入った。

そこをどいてくれ
グアドループからやってきた
恐るべき子どもがここにいる
早く逃げたほうが身のためだぜ
この男に蹴散らかされるからな

観客たちにとっては初めて聴く曲だったが、「テディ！　テディ！　テディ・リネール！」のリフレインになると、彼らはまるで集団トランスにかかったみたいになった。そのリフレインが流れているあいだ、全員がこのフレーズを叫び続けた。ベルシー・アリーナは、いまだかつてないほど大きく揺さぶられていた。

すばらしい観客たちに恵まれて、ぼくは心の底から感動していた。そしてやる気がますますみなぎってきた。でも戦いはこれからだ。相手を蹴散らかさなければ――。その相手とは、屈強な体躯を持ちながら、きびきびとした敏捷な動きが特徴の韓国人選手、金成民。以前、国際合宿の練習試合でかなりてこずった、手強い相手だった。厳しい戦いになりそうな予感がしたが、試合開始から44秒後に天の恵みが舞い降りてきた。打開策が見つかったのだ。ぼくは「大外刈」（自分の足の外側で相手の足の外側を刈る技）をかけて相手を抑え込んだ。「1、2、3、4、5！」と会場中の観客が叫ぶ。そしてそのまま25秒が過ぎた。「一本」だ！　大満足の出来だった。指もぜんぜん問題なかった。

会場のボックス席に目をやると、両親やガールフレンド、兄、異母姉妹のロールとナターシャ、甥っ子たち、そして友人たちの喜んでいる顔が見えた。会場のど真ん中にあるこの席は、ぼくが自ら手配した。ボックス席の16人以外にも、おじ、おば、いとこたちなど、合わせて30人が上のほうの1列を陣取って応援してくれていた。ここは、スポンサーであるアディダスが彼らのために取っておいてくれたものだ。ここまで来たらなおさら、家族や友人たちのため、そして応援に来てくれたみんなのためにも負けるわけにはいかなかった。幸い今までの5試合すべて合わせても、ぼくは8分弱しか戦っていなかった。もちろん、試合の難度は今まで以上に高くなるけれど……。

決勝戦の相手は、北京オリンピックの敗者復活戦の初戦で破った、ドイツのアンドレアス・トルツァーだった。だがトルツァーは、そのときとはまったく違う選手になっていた。彼もまた技の種類を増やし、明らかに以前より強くなっていた。最初は前に引き落とせるのではないかとやってみたものの、トルツァーは持ちこたえた。このとき指が少し引きつるのを感じたが、ぼくの昔のコーチのひとり、セルジュ・ディヨの言葉を思い出した。「決勝でごちそうをさらっていかれるわけにはいかん！」続いて大内刈をかけてみる——決まった！　6試合オール一本勝ちでの優勝だ！

ぼくは1万7000人の観客を前に、喜びで爆発しそうだった。家族や友人たちも飛び回って喜んでいる。それにもちろんコーチたちも。この世界タイトル5連覇を成し遂げるために、ぼくは血のにじむような稽古を積んできた。それが報われ、しかもすべての試合に一本勝ちできて最高の気分だった。

表彰式では、割れんばかりの拍手と祝福の声がアリーナ中に鳴り響くなか、ダヴィド・ドゥイエが金メダルを授けてくれた。この場面は一生忘れられないだろう。そしてフランス国歌『ラ・マルセイエーズ』の最初の一節が流れると、熱い涙が込み上げてきた。試合会場でこの曲を聞くたびにぼくは感動に震えるけれど、この日、このベルシー・アリーナで聴く国歌は格別だった。

個人戦が行われたその日は、夢のように過ぎていった。だが大会はまだ終わったわけではなかった。翌日に団体戦が控えていたのだ。フランスチームにとって非常に重要な試合であり、ぼくはみんなに頼りにされていた。それなのに試合当日の朝、計量の時点で、ぼくは出場を辞退すると告げなければならなかった。前日の6試合で、ぼくの体はボロボロになっていた。全身に筋肉痛が出て、小指の痛みも感じる。また同じような怪我をするわけにはいかなかった。

その結果、ぼくに代わってマチュー・バタイユが出場することになった。ほかのメンバーと同様、彼もきっと勝利に貢献してくれる、そうぼくは信じていた。そしてフランスチームは順調に勝ち進み、決勝戦にまでこぎつけた。ところがここで、マチューが疲労のあまりリタイアしてしまい、ぼくが畳に上がらなければならなくなった。それも、よりによって団体優勝を決する1戦に……。チームの14人全員がぼくのところに来て、口々に言った。「テディ、戦ってくれ！　お願いだから、金メダルを取ってくれ！」みんなにそう言われたら、怪我をしていようがいまいが行くしかない。ブラジルに勝てば、14人の仲間全員が世界チャンピオンになれるのだから。

だがやはり体は本調子からはほど遠く、畳に上がった瞬間にそれを痛感した。しかも対戦相手のラファエル・シルバは、ぼくより2、3センチ背が高く、体重は30キロも重かった。まさに巨漢だ。実際に難しい戦いになり、ぼくはどう技を仕掛ければいいのかすらわからなくなった。会場の観客全員が固唾《かたず》を呑んで見守るなか、試合は決着がつかず、ゴールデンスコアに持ち込まれた。両肩にのしかかるプレッシャーが一段と大きくなってくる。とにかく先にポイントを取らなければ――。

運命の延長戦、ぼくは大外刈をかけて、心の中で念じた。「行け、倒れろ！　倒れてくれ!!」シルバはぼくをかわそうとしたが、スローモーションのようにゆっくりと彼は手を放し、横向きに倒れた。「有効！」

今度はぼくが床に崩れ落ちる番だった。大歓声が沸き起こり、ぼくはようやくプレッシャーから解放された。そして畳の真ん中にながながと伸びたまま、両手を頭の上で交差させて目をつむり、立ち上がる力が回復するのを待った。再び目を開けると、そこには熱狂的な歓喜に包まれたアリーナがあった。仲間たちは飛び跳ねて喜び、コーチを胴上げしている。なんとか乗り越えることができたようだ。よかった。ほんとうによかった……。ぼくは、使命を果たすことができた自分を誇りに思い、そして安堵していた。

これから先も、ぼくは決して負けない。

終わりに――柔道の精神

お祝い気分が冷めそうになったことがある。勝利の喜びに酔いしれるぼくの姿を見ると不快感をもよおす、という人たちの声が少なからず聞こえてきたからだ。ぼくは昔から「開けっぴろげすぎる」と言われ、「自制心に欠ける」と批判されてきた。国際柔道連盟の会長であるマリウス・ビゼールにまで、「感情を露わにしすぎる。畳の上でフェアプレイ精神を見せていない」と指摘される始末だった。

そういった声に対して、2011年にパリで世界選手権が開催される直前、ぼくは人々にこう説明した。「念願のメダルを勝ち取った瞬間、喜びが込み上げてきて、ついにはうれしさのあまり感情が抑えられずに爆発してしまうんだ。ぼくを批判する人だって、ぼくの立場だったら同じような行動をとるだろう」。だがぼくは、そこまで言って思いを改めた。「いや、待て。気持ちを理解してもらうなんて無理だ。チャンピオン経験者でなければわかるわけがない。ここにはそんな奴いないじゃないか」。そして最後にこう口走った。

「マリウス・ビゼールが黒帯かどうかだって怪しいもんだ！」これは失言どころではなかった。ビゼールの耳にも入り、ひどく怒らせてしまった。

それから約2カ月後の11月になってすぐ、ビゼールとぼくは国際柔道連盟の本部があるハンガリーの首都ブダペスト［訳注：現在の本部所在地はスイスのローザンヌ］で話し合いの場を持った。そのときは父も一緒で、ぼくたちはビゼールのオフィスに迎えられた。ビゼールは威圧的な人間で、口調も冷淡だった。元軍人らしいが、それも納得の風貌をしている。彼はまた、フランス語を含めて7、8カ国語を操る、ずば抜けて頭脳明晰な人間でもあった。

ぼくたちは単刀直入に話の核心に入った。だが双方とも自分の言い分を曲げなかったので、その場の空気はみるみる凍りついていった。すると、ビゼールがゆっくりと自分自身のことについて語り始めた。黒帯を持ち、大会にも出場していたこと。それからコーチの仕事をしていたこと。そして今は6段（もっとも高位の段のひとつ）なのだということ……。話を聞いているうちに、ぼくは彼に親しみを覚え始め、思わずこう言った。「ビゼールさん、どうして直接ぼくに言ってくれなかったんですか？　マスコミを通してぼくを批判するよりもずっといいと思いますが。でもとにかく、あんなことを言ってしまったのは、ぼくが悪かったです」

ビゼールはぼくの謝罪を受け入れてくれ、ぼくたちはまた話を続けた。彼とは共通点が多かった。柔道に対する情熱はもちろんだが、ふたりとも大のポーカー好きだった。そんな会話の中で「ぼくたち選手はみな、ビゼールさんについてよく知らないんです。すごく残念じゃないですか」と言うと、彼はにっこり微笑んでくれた。そして数カ月後、日本で国際合宿があったとき、うれしいことに彼は選手たちを練習場に集めて対話の機会を設けてくれた。今では、ぼくはビゼールをとても尊敬している。しょっちゅう会うようにもなったし、電話でもよく話す仲だ。ビゼールの人柄にも、彼の柔道界での役割にも共感している。

ブダペストでの話し合いでよくわかった。ビゼールとぼくは、ほんとうは柔道に対して同じ考えを持っているのだということを。それに彼は、ぼくという人間を変えさせようとはしなかった。ただ、柔道界の許容範囲というものからはみ出さぬよう気をつけなさい、と諭してくれた。ぼくの言うことに耳を傾け、受け入れようとする彼の気持ちがひしひしと伝わってきた。

話し合いから5日後、ぼくたちは共同声明文を発表し、その中で、ぼくは行きすぎた表現があった点について謝罪し、今後はこのようなふるまいを慎み、柔道の精神にかなった行動を心がけると述べた。「柔道、それは教育のひとつであり、かけがえのない道徳律に基づいた人生の行程である。オリンピック・スポーツであるとともに、ライフスタイルで

もある」。これを言ったのは誰だと思う？　マリウス・ビゼールだ。この精神に基づいて
ぼくを育ててくれたのは？　ぼくの両親だ。
そしてぼく、テディ・リネールは、この柔道の精神そのものを生きていきたい。

付記——日本語版の刊行に寄せて

最初にこの本が出てから3年以上が経った。その数カ月後、ぼくはロンドン・オリンピックで優勝し、ついに幼いころからの夢をかなえた。以来、ヨーロッパ選手権で2回、世界選手権で3回チャンピオンになり、不敗のまま今にいたる。

こうした戦績のせいだろう、この3年間つねに順風満帆であったかのように思われることが多い。柔道界で無敵のテディ・リネールは、どの試合でも勝って当然なんだと。しかしそれはちょっと違う。試合前の調整期間も、試合本番も、そのときによって内容や課題が大きく異なる。だからこそ飽くことなく柔道を続けていられるのだが、これからも決して飽きはしないだろう。「よくやった、勝ったぞ」と、自分自身をねぎらっていられるあいだは。

また、畳を下りればぼくにも私生活があり、日々いろいろなことを考え、さまざまな変化を経験してきている。ひとりの人間として、またアスリートとして、悲喜こもごもありながらも、充実していた3年間――このあいだに起こり、節目ともなったいくつかの出来事について話しておきたいと思う。

2012年8月3日

2012年のロンドン・オリンピックからすべては始まった。いや、あれは再始動だったと言うべきだろうか。試合当日は、せめぎ合ういろいろな感情に翻弄された。まずは、いらだち。真っ向から勝負してこない相手と戦わなければならなかったからだ。それでも、2008年の北京オリンピックでの経験を活かし、相手が仕掛けてくる罠に陥らず、彼らを駆け引きの中で自滅させる術を身につけていた自分を誇らしく思う。そしてとうとう迎えた喜び。ついに勝てたと実感したとき、とりわけ家族や近しい人たちと勝利を分かち合えたときのうれしさと言ったらなかった。彼らリネール軍団の応援がなければ、ぼくはここまでの成績を残すことはできなかっただろう。

オリンピックと言えば、ぼくはいつでもまず選手村を思い浮かべる。あらゆる種目のスター選手たちとの交流が持てる場所だからだ。そういえばぼくも、まだそれほど名を知られていなかった北京のときとは違って、ロンドンでは人々から注目を集める選手のひとりになっていた。水泳のマイケル・フェルプスほどの知名度ではないにしろ、いい気分にはなれた。数ある競技種目の中で柔道への認知度が高まるのを目の当たりにできるのは、なんにせよ喜ばしいことだ。

優勝そのものに関しては、ロンドンで獲得した金メダルが北京での苦い思い出を消してくれてよかった――そう思う気持ちが一番大きい。オリンピックの金色のメダルが世界選手権のタイトルよりも重みがあるのは自明の理だ。でもオリンピックであれ世界選手権であれ、勝ったときに込み上げてくる感情の高ぶりは同じだ。要するに、勝利においてぼくが好きなのは達成感を得るあの感覚なんだと思う。

２０１２年以降、ある意味ぼくは頂点に到達した。アスリートにとってもっとも難しいのは王座への到達ではなく地位の維持である、とよく言われる。ぼくの場合、わかる人にしかわからなかっただろうが、最大のチャレンジは実際のところ、このころすでに始まろうとしていた。

2013年9月16日

ここ数年、シーズン中のぼく自身の感触と観衆が抱く印象とのあいだにギャップを感じることが多い。とくに２０１３年はそうだった。８月末からリオデジャネイロで開催された世界選手権でまたタイトルを勝ち取ったのだから、成功の年だったと言えるのかもしれないが、ぼくにとって２０１３年は肉体的な不調が始まった年だった。恥骨炎を患い、４月から6月にかけて2カ月間柔道ができなかった。さらに7月初めには、練習中に左肩を痛めてしまう。世界選手権はあらゆる手を尽くしてなんとかそのまま乗り切ったが、結局9月のある朝に関節内視鏡手術を受けた。

手術の翌朝、目覚めてみると左腕の感覚がまったくなくなっていた。しかも4カ月間ものあいだ、ろくに動くことができなかった。そして始まった過酷なリハビリの日々……。肉体的に、これほど自分を弱々しく感じたことはかつてなかった。手術後の3カ月間、ベンチプレスでは15キロを持ち上げるのがやっとというありさまだった。

運動上の問題以外にも、食事にはかなり気を使わなければならず、厳しい食事制限をしていた。あまり動けなかったので体重が大幅に増えてしまい、試合にカムバックするためにはこれをそぎ落とす必要があったのだ。１キロ増えるたびに試合における動きのスピードは鈍り、体のキレも落ちる。また、年を取るごとに体重は増えやすくなり、しかもなかなか減ってはくれない。それでも12月には１５３キロあった体重を、翌２０１４年3月初めには１４７キロに、４月には１３５キロにまで落とした。

精神的にもきつかった。一番やりたいこと――それは柔道だ。それなのに稽古するのは許されず、調整のためのトレーニングしかできなかった。やっと畳に上がれたのは2月に入ってから。かなり体がなまっているのがわかった。

怪我によるブランクはいつも、なんらかの影響を残す。ぼくだって無敵ではないのだということを実感させられるときだ。元通りの柔道ができるようになるまでは、つねに自分との闘いであり、不安と対峙しながら、言うことを聞かない体に鞭打たなければならない。ここ数年はこうした苦労の連続で、不屈の精神が必要だった。

2014年4月1日

真夜中にそれは始まった。あわてて病院に駆け込んだぼくは、忙しく動き回る医師や看護師たちを前にして、期待に胸ふくらませながらもおびえていた。パートナーのリュトナが産気づいたのだ。身長2メートルの屈強な体はなんの役にも立たなかったが、それでもぼくは苦痛に耐えている彼女をなんとか落ち着かせようとしていた。だが陣痛はまだ長く続きそうで、朝になるとぼくは練習に出かけた。気分転換したかったのもあるけれど、こんなに大事なときであってさえ、柔道の稽古を休むわけにはいかないのだ。

そして何時間も待って、やっと安堵のときが来た。生まれたのは男の子だった。手の中にすっぽりと収まる小さな赤ん坊に向き合ったとき、130キロの大男である自分が、いかに取るに足らない存在であるかを痛感した。このくらいの重さなら何度でも持ち上げられるはずなのに、赤ん坊を手渡されたときには腕が震えた。心の奥底に生まれた圧倒的な感情の塊は、試合前にさえ抱いたことがない。何か抗《あらが》いがたい力がそこに働いているかのようだった。

それから今にいたるまで、息子のエデンがどんどん大きくなっていくのを目の当たりにしている。ぼく自身の生活も少しずつ変化しているのを感じる。自分の中にもうひとつ、新しい側面が生まれたのだ。わが子にかかれば、ぼくは柔道家テディ・リネールでも、友だちテディでさえもなくなってしまう。息子に対する責任感は、今まで感じたことがないほどに強い。エデンほどやる気を出させてくれる存在はいない。小さな頭と大きな瞳が家で待ってくれていると思うと、仕事である柔道に対する考え方や自分の態度も当然改まってくる。とはいっても、冗談を言うのと戦うことが好きなのは相変わらずだ。ただ、程度をわきまえるようにはなった。ともあれ、エデンが生まれてからすべてが変わった。

2014年12月6日

山下泰裕――この名を思うときもまた、ぼくは自分の存在の小ささを実感する。柔道史上、もっとも偉大な重量級選手である彼に、この日まで会ったことはなかった。山下との会談は、『レキップ』紙が東京で開催されるグランドスラムと連動して、彼とぼくとのクロスインタビューを企画してくれたことで実現した。

彼が会見場にやってきたとき、ぼくはどぎまぎしていた。そのせいで、敏捷性や組み手の妙技など山下の柔道のすばらしさについて、ついまくしたててしまった。驚いたのは、彼もまたぼくと同じくらい、この機会を喜んでいたことだった。その謙虚な人柄と丁寧な物腰に、ぼくは心を打たれた。全日本柔道連盟の副会長である山下にとってぼくは、ある意味ライバルだ。それなのに彼の口から出てくるのは、ぼくの資質、バランス感覚、敏捷性、そして粘り強さなどについて褒めたたえる言葉ばかりだった。

インタビューが進むうちに、ぼくはこの重量級の伝説的人物からお墨付きをもらった、というような気持ちになった。何回か受け答えする中で、数々のタイトルを獲得したおかげで尊敬はされているがしょせん敵、という立場から一転して、仲間として迎え入れてもらったような空気を感じたのだ。

大会での実績以外にも、ぼくたちには実に多くの共通点があるとわかった。ふたりとも努力、闘争心、そして克己心《こっき》を重視し、確固たる信念を持ち、自らの運命を切り開いていく意欲に満ちている。たとえば2010年の世界選手権の決勝戦（ぼくが上川大樹に判定負けしたあの試合だ）については、あのときぼくは決して審判に勝敗の行方をゆだねてはならなかった、という点でふたりの意見は一致した。柔道を哲学としてとらえている山下は、ぼくもまた同じ考えだと知って、非常に喜んでくれているようだった。とはいえ、彼がぼくみたいに感情を思いっ切り露わにしたことはついぞないし、ぼくのように辛辣な物言いもしなければ、一部の人に礼儀知らずだとみなされることも決してない。

それでも山下は、君を傲慢《ごうまん》だとか敬意に欠けた人物だとは思わない、ここまで勝利を積み重ねてこられたのは、すべての対戦相手と真剣勝負をしてきたからだ、と理解を示してくれた。また、「負けず嫌いとしての側面が目立ってしまうけど、その競争心は実際には自分自身に対して向けられているものなんだよね。君は日本文化の土壌で育ったわけではないけど、柔道の精神をしっかりと宿している。だからこそ、異なるジャンルのスポーツから多額の報酬を提示されて誘われても、うなずきはしなかった。私も現役時代に同じ経験をしたものだ」とも言ってくれた。ぼくにとっては柔道界の父であり、ぼくが唯一崇拝する井上康生のコーチだった人物にこのように認めてもらえて、感無量だった。「もし今引退したとしても、君はすでに柔道界の伝説になるような存在だ」とまで山下は言ってくれた。金メダル何十個にも値する言葉だ。

山下との会談はぼくにとって大きなインパクトがあった。いくらでも上から目線の物言いができる立場にありながら、ふたりの似通っている点について詳しく語ってくれたからだ。彼が話してくれたあらゆる事柄が、向上心を刺激してくれている。柔道家の、そして人間の鏡である山下泰裕。彼から受けるインスピレーションを大切にしていきたい。

2015年8月29日

この日、カザフスタンのアスタナで開催された世界選手権で、ぼくは8回目のタイトルを手にした。記者たちによれば、前人未到の記録だそうだ。この勝利に関してぼく自身がとりわけうれしかったのは、練習を重ねて習得した「隅返し」（相手を前に崩し、相手の股間に足を入れて後ろに投げる技）という技を使えたことだ。これが、前年ぼくに苦戦を強いた七戸龍《しちのへりゅう》との決勝戦における決め手となった。この試合でも、ぼくは偶然や運、または審判の判断などに勝敗をゆだねたりはしなかった。進歩し、美しい柔道を実践し、試合で挑戦しようとしたことを成し遂げたという実感があった。とても満足な出来だった。

しかし、いつものことながら物事はそう簡単には運ばない。この年の1月にぼくは右肘を手術し、3月には足の親指を怪我した。ここ3年間と変わらない、故障に苦しむシーズンだった。リオデジャネイロ・オリンピックを控える2016年は、問題のないシーズンにしたいところだ。怪我から回復するために自分自身を乗り越える——これはすばらしいことだ。しかしよりよい柔道をとるための飽くなき挑戦は、もっと尊い。このかけがえのないスピリットを、ぼくはいつまで持続していられるだろうか。

一方で、メダル獲得という目標があればこそ、練習に励み精神力を鍛えるモチベーションも高められる。まだ26歳のぼくは、練習を怠りさえしなければ、あとまだ何年も活躍することができるだろうし、実際にそうしたいと思っている。改良したい点や習ってみたい技もまだまだたくさんある。もちろん、たった一度の怪我が命取りになってキャリアが急変する可能性だってある。だから、柔道を引退したあとの仕事についても考えている。それでも、努力へのモチベーション、自己の限界を超えたいという意志、柔道を続ける体力がある限り、ぼくは柔道を続けるだろう。

最高位に到達するよりも難しいのは、その地位に君臨し続けることである、と人は言う。それならぼくは絶えず向上している人間でいよう。いつまでも、己の限界への挑戦をやめることなく——。

謝辞

父モイズ・リネールと母マリ＝ピエール・リネール、弁護士のデルフィーヌ・ヴェルエデン、コーチのアラン・ペリオのひとかたならぬご助力に、心からの感謝を捧げます。

そして、いろいろな形でぼくを支えてくれたみなさん、ほんとうにありがとうございました。

[著者]
テディ・リネール Teddy Riner

柔道100キロ超級世界ランキング第1位（2016年5月現在）のフランス人柔道家。1989年4月7日、フランス海外県グアドループに生まれる。5歳で柔道を始めてすぐに頭角を現し、14歳のときにフランスの強化選手に選ばれる。2007年の世界柔道選手権大会において史上最年少の18歳で優勝したのを皮切りに躍進を続け、100キロ超級では同大会で8連覇を飾っている（ただし2008年大会は無差別級のみ開催）。2012年ロンドン・オリンピックでは金メダルを獲得した。得意技は内股、隅返、大外刈りなど。身長204センチ、体重131キロ。ルヴァロワ・スポーティング・クラブ所属。

[訳者]
神奈川夏子 かながわ・なつこ

東京都出身。日仏英翻訳者。上智大学外国語学部フランス語学科卒業、同大学文学研究科フランス文学専攻博士前期課程修了。ブリティッシュ・コロンビア州立サイモンフレーザー大学日英通訳科修了。訳書に『偉大なる指揮者たち』『偉大なるダンサーたち』（いずれもヤマハミュージックメディア）、『フランス式整理術』『モードデザイナーの家』（いずれもエクスナレッジ）など。

最強の柔道家リネール

2016年7月4日　初版第1刷発行

著　　者――テディ・リネール
訳　　者――神奈川夏子
発 行 者――澤井聖一
発 行 所――株式会社エクスナレッジ
〒106-0032　東京都港区六本木7-2-26
http://www.xknowledge.co.jp/
問合せ先――編集　Tel 03-3403-1381
Fax03-3403-1345
info@xknowledge.co.jp
販売　Tel 03-3403-1321
Fax03-3403-1829